How to Professional Presentation

감동의 20분

마법의 프레젠테이션 기술

도다 사토루 지음

이·비·컴
eBeecomm publishing

감동의 20분
마법의 프레젠테이션 기술

지은이 : 도다 사토루

옮긴이 : 박종태, 김현호
감수자 : 박장희, 박경진

초판 발행 : 2003년 1월 9일
개정판 2쇄 발행 : 2005년 9월 30일

발행처 : 도서출판 이비컴
발행인 : 강기원
주소 : (130-811) 서울 동대문구 신설동 97-1 302호
전화 : (02)2254-0658 / 팩스 (02)2254-0634

등록번호 : 제6-0596호
등록일자 : 2002년 4월 9일
ISBN 89-89484-83-9 13320

전자우편 : help@bookbee.co.kr
홈페이지 : http://www.bookbee.co.kr

값 15,000원

파본이나 잘못 인쇄된 책은 구입하신 서점에서 교환해드립니다.
저자와의 협의하에 인지는 생략합니다.

프레젠테이션 성공의 10가지 철칙

프레젠테이션에서 항상 성공하는 '제왕'이 되기 위해 가장 중요한 10가지 철칙을 꼽아 보았다.
이 10가지 철칙은 지금까지 전적으로 감각과 경험에만 의지해 왔던 프레젠테이션을
과학적으로 분석하여 도출한 최종정리의 일부이다.
이제부터 당신이 지금껏 생각하고 있던 프레젠테이션에 대한 상식이 뒤집어진다.
이제 당신은 훌륭한 프레젠터다.

20분 안에 끝낸다.
47페이지

내용을 절제하고, 도입부와 종결부에 인상적인 효과를 연출한다.
66페이지

상대에 따라 타이밍이 다르게 결론을 제시한다.
70페이지

슬라이드 한 장은 3개의 요소 이내로 구성한다.
93페이지

모양은 좋아도 사용을 자제해야 할 서식을 숙지한다.
97페이지

설득력 있는 그래프 작성의 달인이 되어야 한다.
100페이지

색이 지니는 의미를 숙지하고, 대상에 따라 구분해서 사용한다.
123페이지

가독성을 고려하여 28포인트 이하의 문자는 되도록 사용을 자제한다.
165페이지

사람은 1초에 4문자를 읽을 수 있다. 한 행에 12~ 5문자를 배치한다.
169페이지

소리를 내서 연습해라. 이보다 더 좋은 것은 없다.
220페이지

Presentation

청중을 감동시키는 마법의 프레젠테이션 Workflow

이길 수 있는 시나리오를 만들자

프레젠테이션의 최종목적은 상대를 설득하는 것이다.
이를 위해서는 경쟁사 및 경쟁자에게 없는 아이디어를 찾아내고,
스토리의 구성력을 익혀두어야만 한다.
지금까지 계획없이 정해왔던 슬라이드의 순서에는 자신이 있는가?
제1장에서 최고의 시나리오 작성법을 익히자.

프레젠테이션 순서 파악

↓

프레젠테이션 최종목적 파악

↓

아이디어와 재료가 되는 정보 수집
아이디어 부족은 42페이지의 아웃라인 프로세서(Outline Processor)에서 발상을 정리한다

↓

적절한 프레젠테이션 시간 결정

↓

차트를 사용해서 구성 결정
헤매게 되면 정해진 번호의 구성요소(54페이지)에 의지하자

↓

기승전결을 고려한 시나리오 완성

청중을 감동시키는 마법의 프레젠테이션 Workflow

프레젠테이션 데이터를 만들자

파워포인트를 이용한 슬라이드 작성에서는 서식 활용이 생명이다. 쓸데없는 수고는 하지말고 효과적인 데이터를 만들자. 또한 그래프 등 시각적 표현의 사용법, 그리고 색이 지닌 의미를 이해하면 금상첨화다.

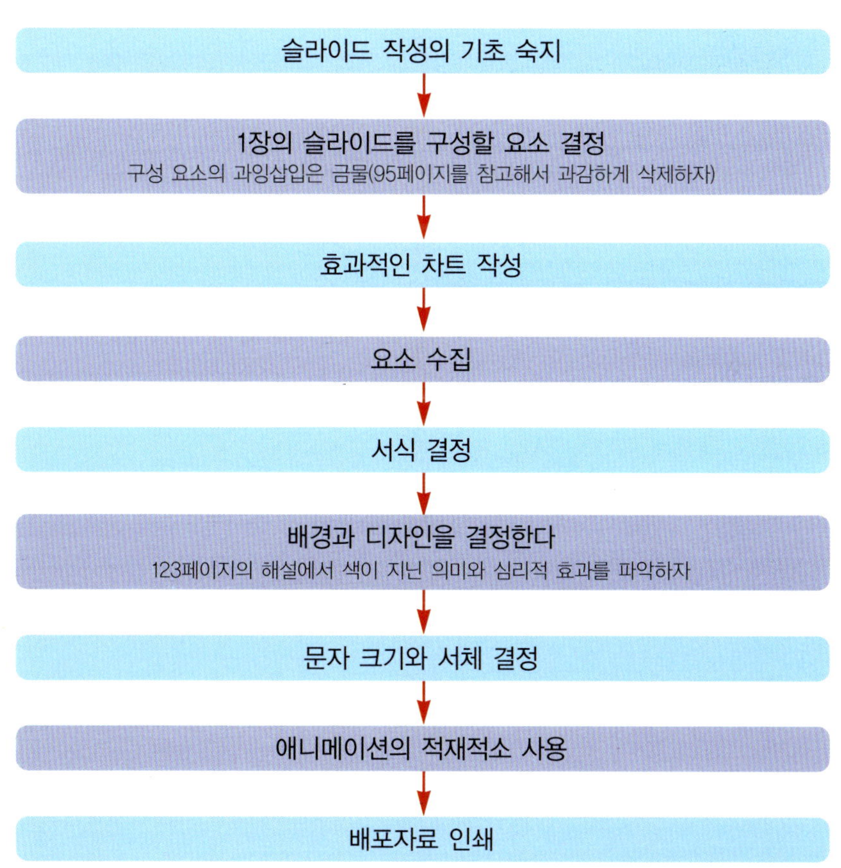

청중을 감동시키는 마법의 프레젠테이션 Workflow

프레젠테이션을 위한 준비와 발표

드디어 프레젠테이션 당일. 마지막 단계에서 실패하면 모든 것이 헛일이 된다.
장비를 완벽하게 물색하고 발표 장소의 레이아웃에도 신경을 써야 한다.
그리고 익숙하지 못한 말하기 연습부터 예상되는 질문에 대한 대처방법까지,
발표에 관한 모든 것을 마무리한다.

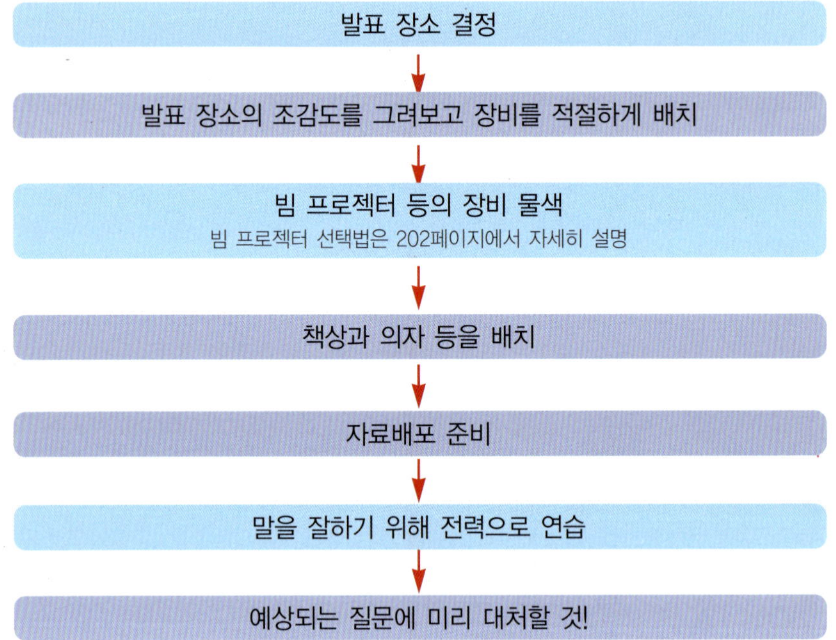

기획서와 프레젠테이션의 차이

프레젠테이션은 기획서와 달리 슬라이드라는 형태로 내용을 확실히 단락 짓는다.
또한 한 장에 담긴 정보의 양이 적다. 따라서 내용을 간단하게 절제할 수 있다.
반면 기획서는 한 장의 종이에 담긴 정보량이 프레젠테이션 슬라이드보다 훨씬 많다.
한 장의 용지 안에서 어디쯤에다 단락을 맺을 지 상당한 고민이 따른다.

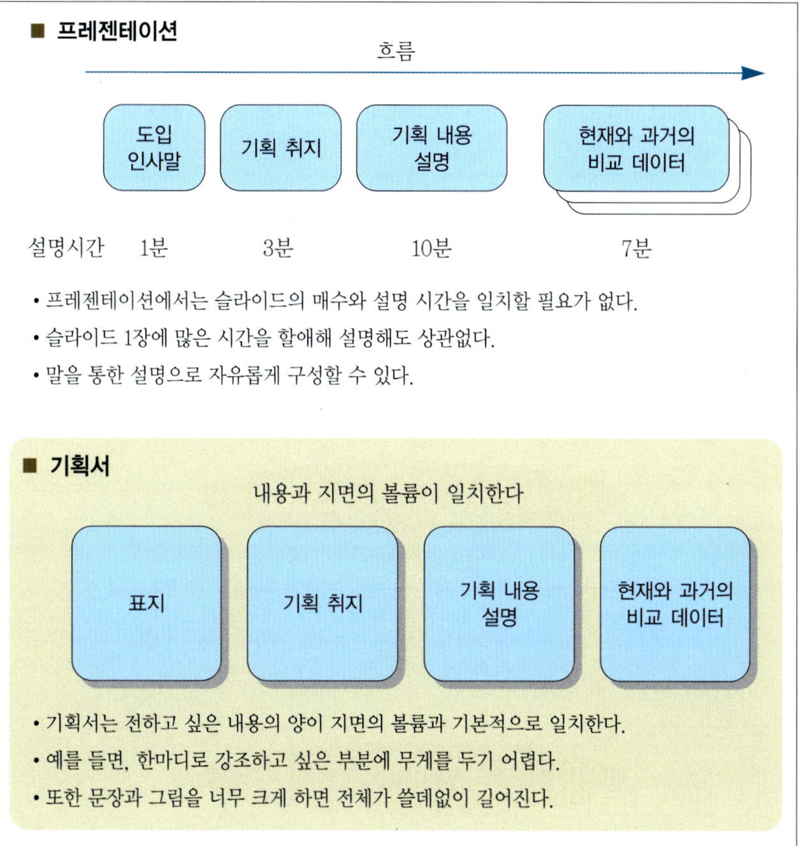

색(COLOR)이 지닌 심리적 효과에 근거한 프레젠테이션에 유용한 색

프레젠테이션에서는 '색' 을 유용하게 쓸 것!

슬라이드 작성시에 생각없이 배색을 결정해 버리는 것은 실격이다.
색이 지닌 의미와 심리적 효과를 파악하여 프레젠테이션의 설득력 향상에 활용하자.

Red

적극적인 행동을 유발하는 색.
장시간 보면 지치게 되지만, 원포인트(ONE-POINT)로 사용하는 빈도는 높다.
청색 등 짙은 색들과 조합하면 가독성이 떨어지니 주의한다.

Pink

여성에게 가장 어필하는 색.
단, 상대방의 결정의식이 둔해질 수 있어서 자세한 해설과 함께 사용하는 것이 좋다.
색조가 미묘하므로 프로젝터에서 투영할 때 원하는 색으로 표현되는지 확인해 두어야 한다.

Orange

밝고 활동적인 색.
분위기 고조와 도전적인 의지를 표현하는 장면에 적합하다.
세련됨이 떨어져 자칫 천박하게 보일 수 있다는 약점이 있다.
핑크와 마찬가지로 프로젝터에서 투영할 때 황색이나 적색으로 표현되는 경우가 있으니
확인해 두어야 한다.

Yellow

낙천적인 사람에게 설득력이 있는 색.
즐겁고 간단하다는 이미지를 준다. 유치하게 보일 수 있다는 점이 약점이다.
흰색 배경에서는 가독성이 떨어짐으로 주의한다.
짙은 색과의 조합으로 가독성이 향상되는 대표적인 색이다.

Color

Green

자연스럽고 편안하며 부드러운, 섬세한 서비스라는 느낌의 색.
단, '잘 봤습니다. 감사합니다. 다음에 또 오겠습니다.' 라며
그대로 프레젠테이션이 끝나버릴 위험이 있다.
결단성이 떨어지므로 결정적인 장면에 사용하기에는 부적절하다.
원포인트로 활용하면 치유 효과를 기대할 수 있다.

Blue Green

남녀 구분 없이 모두에게 좋은 인상을 주는 무난한 색.
최근 가장 유행하는 색이므로 적극적으로 사용하기를 권한다. 배색에 있어서는 터키석(turquoise: Turkey 石)을 연상하면 된다.

Blue

지적이며 정확한 정보라는 이미지를 전달하는 색.
단, 숫자를 많이 사용하는 경우에는 전체적으로 너무 차가운 느낌을 줄 수 있다.
흰색 문자를 사용할 경우에는 배경색으로 추천할 만하다.
프레젠테이션에서는 비교적 무난한 색이다.

Purple

미스터리함과 아름다움, 절제미, 꽃과 같이 향기로운 이미지를 주며 가장 여성적인 색.
현실적인 데이터를 포함한 내용을 표시하는 데는 부적절하다.
수치를 많이 사용하는 프레젠테이션에는 사용을 자제하자.

목적과 대상을 고려한 슬라이드 디자인 서식의 올바른 선택

파워포인트에는 수많은 서식이 준비되어 있지만, 생각없이 선택하는 것은 너무나 아까운 일이다.
여기에서는 서식을 어떤 용도에 사용해야 하는가를 퀴즈 형식으로 질문하고 있으므로
색과 디자인으로 판단하길 바란다.
세가지 답 중 적절한 것은 어떤 것일까?

문제 ❶

핑크색 서식은 과연 여성 대상인가?

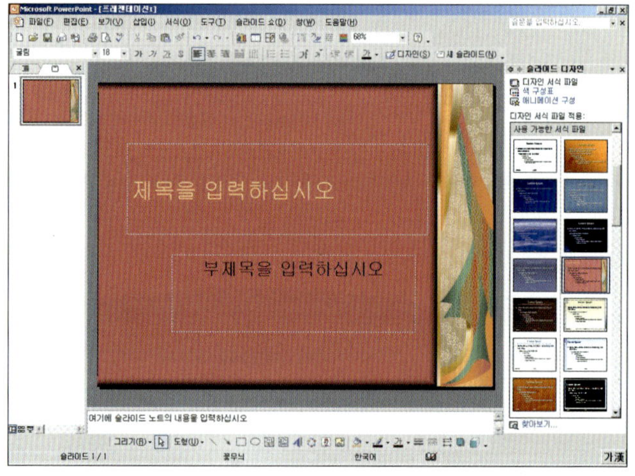

다음 중 정답은?

① ···▸ 핑크색 중심이므로 여성 대상으로 무난한 서식. 여성 대상이라면 우선 이것을 선택한다.
② ···▸ 여성 대상이기는 하지만 꽃무늬가 너무 선명하므로 시선이 분산되기 쉽다.
③ ···▸ 밝은 색의 조합이므로 장시간의 프레젠테이션을 질리지 않게 진행할 수 있다.

Template

문제 ❷

심플한 블루그레이 중심의 이 서식을 사용할 때는?

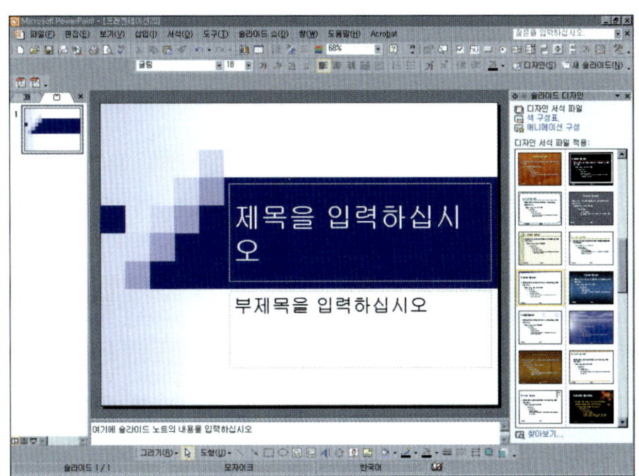

다음 중 정답은?

① ···▸ 지나치게 단순하므로 사용하지 않는 것이 좋다.
② ···▸ 중심의 문양이 시선을 끄는 효과가 있어, 대체로 사용해도 무방하다.
③ ···▸ 색 조합이 차분하므로 나이가 든 사람을 대상으로 할 때 좋다.

해답

문제 ❶

정답은 ②

핑크가 중심이라고는 하지만, 지나친 감이 있어서 비즈니스에는 어울리지 않는다.
카네이션이 선명해서 우선 그 쪽으로 시선이 쏠리게 되므로 설득력이 약해진다.

◆ 154페이지 ◆

문제 ❷

정답은 ②

무엇을 사용해야 할지 고민스러울 때 기본 배색이 무난한 서식임으로 표제 등의 색을 고려해서 사용하면 좋다.

◆ 150페이지 ◆

알아두면 좋은 RGB 색상 조견표

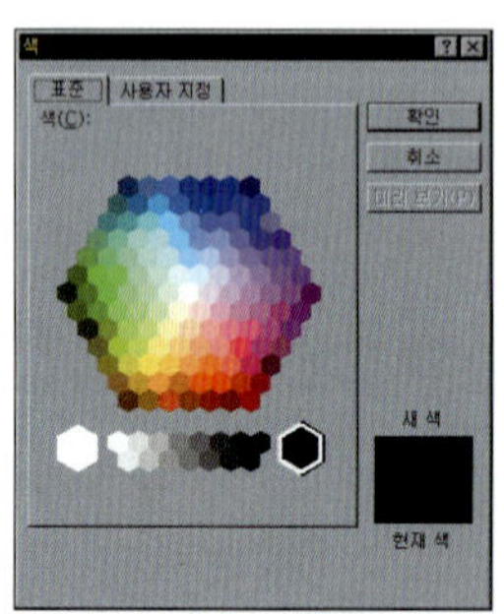

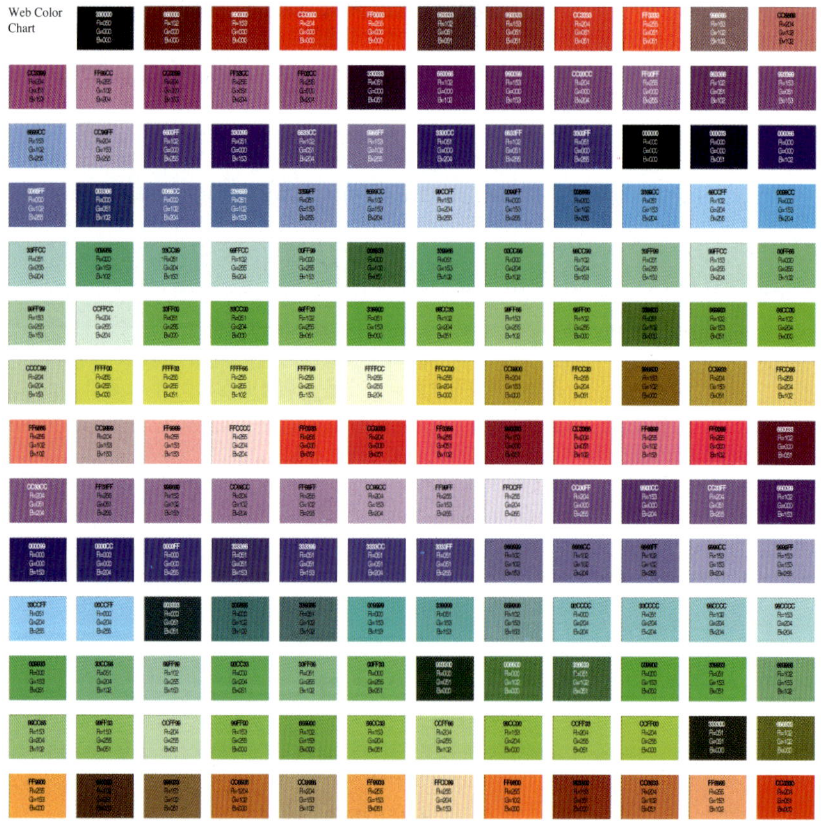

시선을 빼앗는 디자인 서식들

시선을 빼앗는 디자인 서식의 예. 무늬가 확실할 수록 시선이 그쪽으로 향해 버린다.

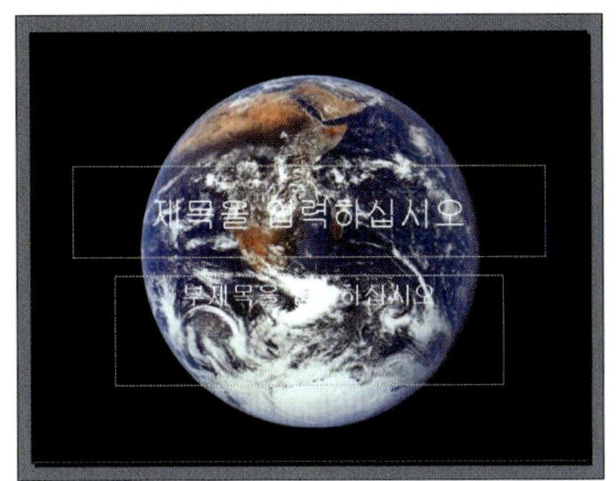

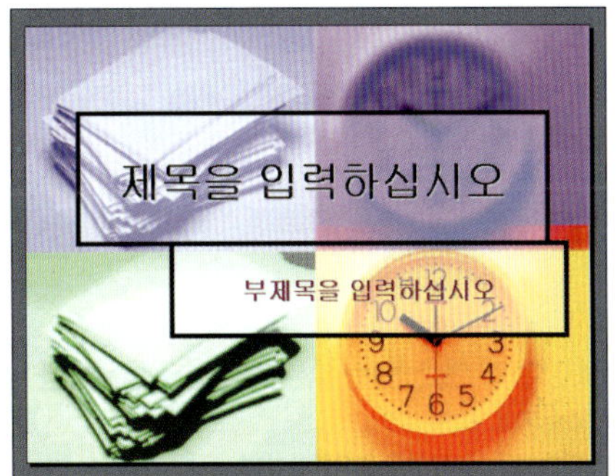

···› 97페이지

사용해서는 안되는 서식과 사용해도 되는 서식

사용해서는 안되는 서식

양쪽 모두 구체적인 비주얼이 있고, 게다가 화려한 색상이 눈길을 끈다.

사용해도 되는 서식

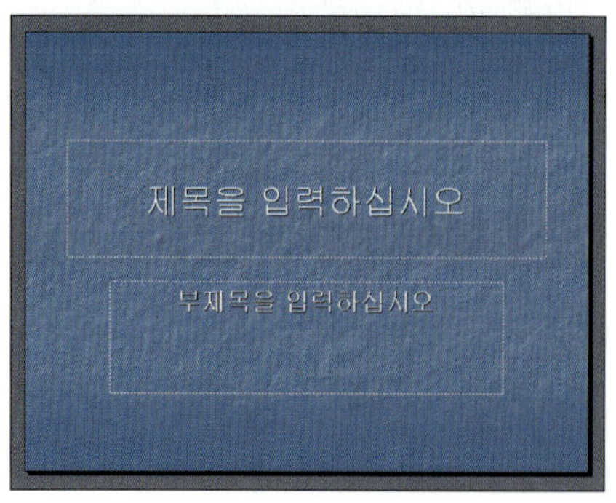

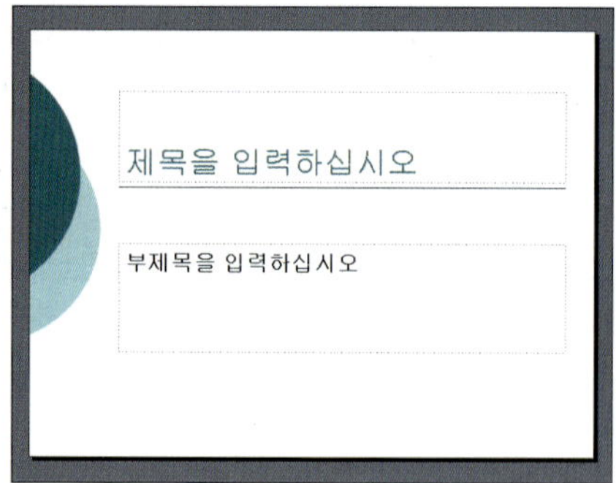

배경에 비주얼이 있긴 하지만, 의미가 불명확하고 구체적인 형태를 띠고 있지 않기 때문에, 시선을 끌지 않는다.

⋯▸ 129페이지

Visual Page

무난한 디자인 서식

어떤 때라도기본적으로 사용할 수 있다. 거의 무형 서식에 가깝지만 다소 무늬가 들어있어서 긴 프레젠테이션에서도 그다지 지루하지 않다.

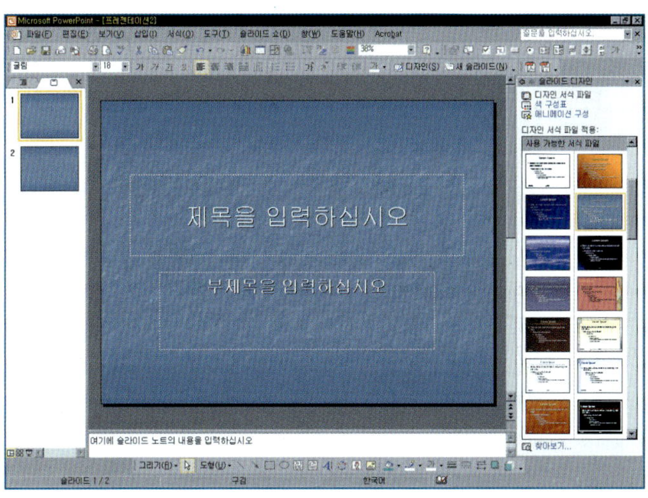

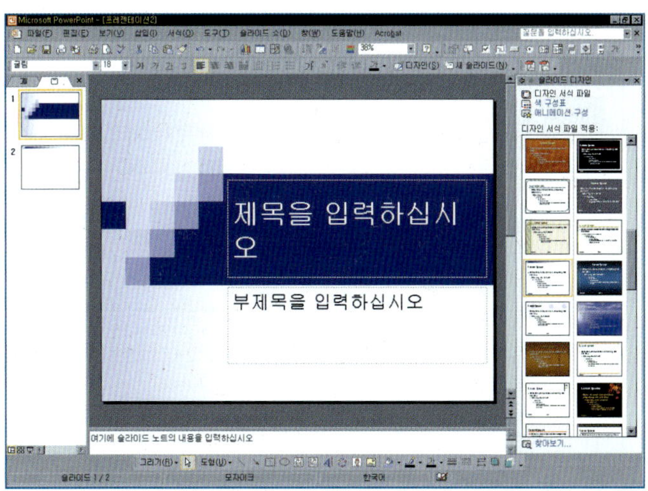

··· 151페이지

Presentation

홍보에 적합한 디자인 서식

상품이나 서비스를 홍보하고 싶을 때 추천할만하다.
장시간 이용하면 피로감을 주므로 짧은 시간에 집중하도록 하자

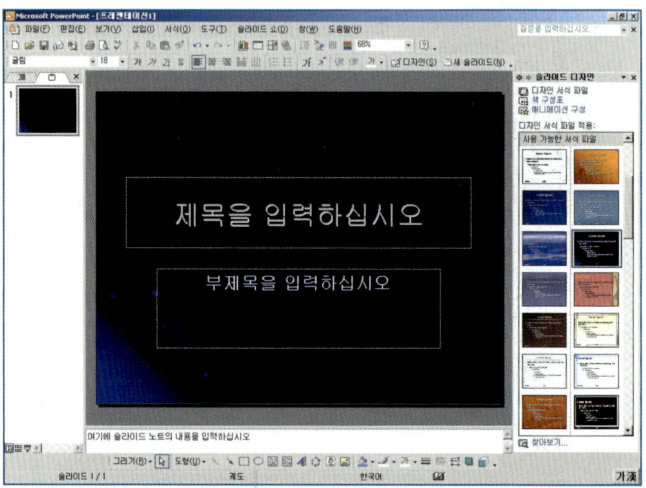

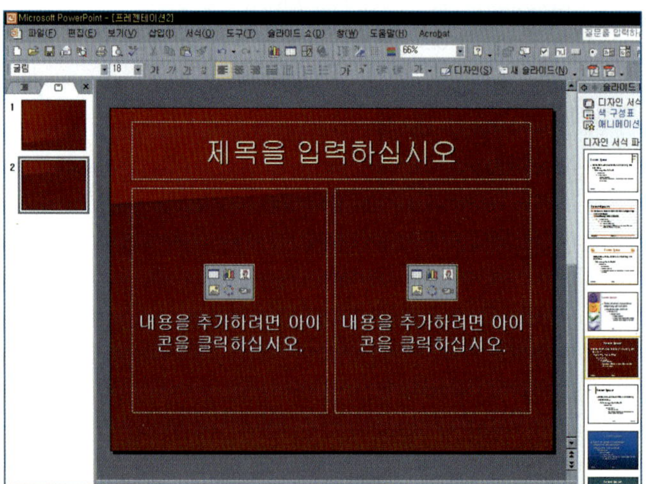

··· 152페이지

온화한 느낌의 디자인 서식

온화하고 차분하게 진행하고 싶은 프레젠테이션의 적합하며 질문을 많이 유도하고 싶을 때 효과적이다.

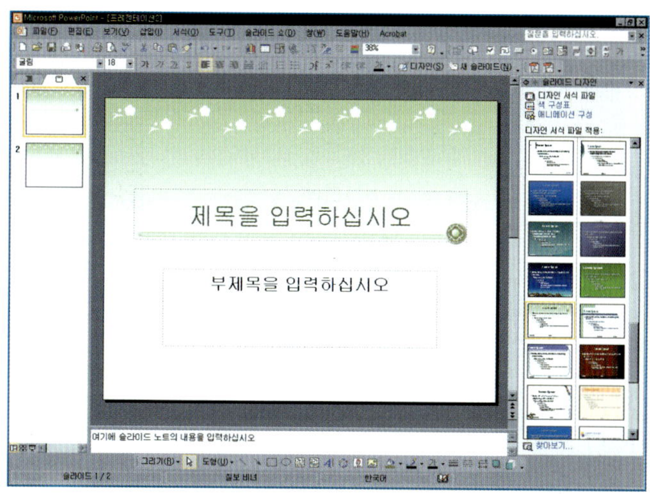

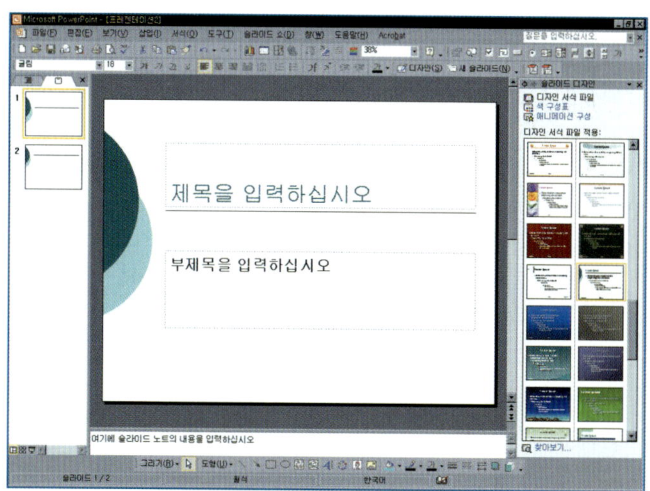

···› 153페이지

여성지향의 디자인 서식

핑크색이나 보라색 계열을 중심으로 부드럽게 배색하는 것이 좋지만
지나치게 사용하면 역효과를 일으킨다.

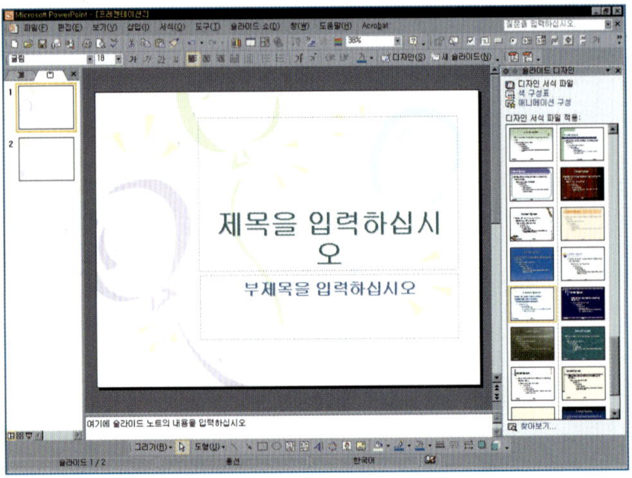

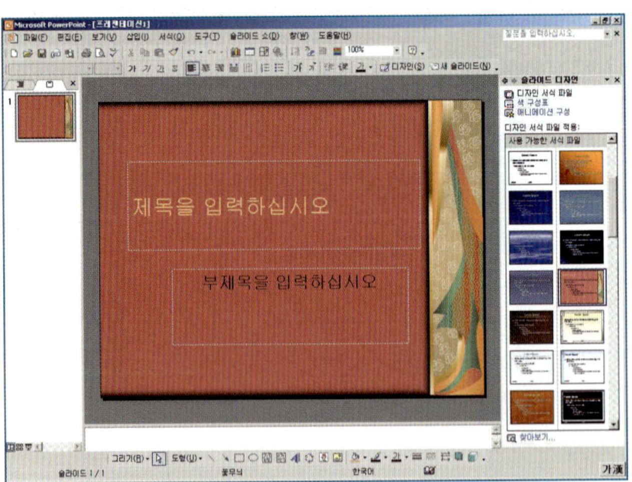

··· 154페이지

Visual Page

구성 요소는 가급적 3가지로 결정하자

프레젠테이션의 특성을 고려하여 슬라이드 구성 요소는 3개 정도로 구성하는 것이 좋다.

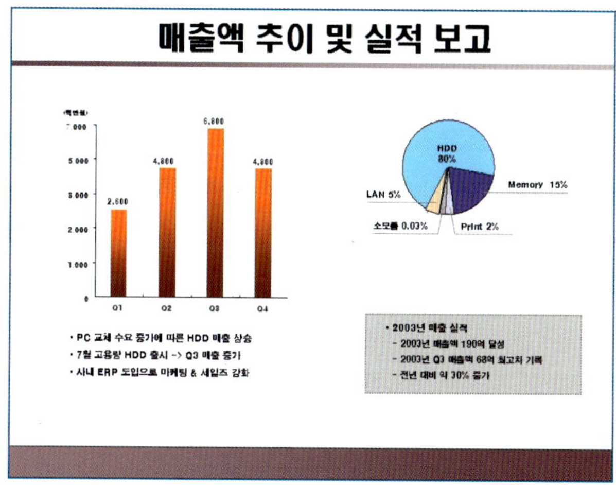

제목을 포함하여 5개의 요소로 구성된 슬라이드

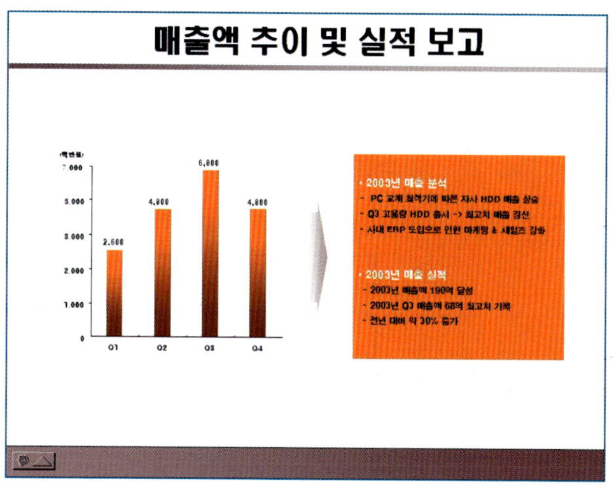

···› 94페이지

5개의 구성 요소를 3개로 압축한 슬라이드 허전하게 보일지는 모르지만 훨씬 이해하기 쉽고 설명의 양이 적당하다.

프레젠테이션 구성의 3가지 패턴

중요한 것은 가능한 한 짧은 시간에 상대를 설득하는 것이다.
이를 위해 프레젠테이션의 '핵심 내용'을 세 가지 패턴에서 분류해보자.

❶ 과제제시형

: 프레젠터들이 가장 즐겨 사용하는 방법이며, 특히 논지를 전개하기가 쉽다.

현재의 자동차는 낭비가 많다

- ◆ 혼자 타고 있을 때의 공간 낭비
- ◆ 주차 시에 장소를 차지한다.
- ◆ 속도를 내지 않을 때의 출력 낭비

세 가지의 낭비를 '전기자동차'가 해결합니다

- ◆ 기본적으로 1인 승차이므로 낭비가 없다.
- ◆ 주차 시에도 승용차와 동일한 공간밖에 차지하지 않는다.
- ◆ 근거리 외출용으로 사용하기 위한 차이며, 속도도 딱 좋은 15Km/h 정도밖에 나오지 않는다.

❷ 순차설명형

: 순서에 따라 설명하는 방법이며, 학술 세미나, 연구발표회 등 결론에 도달하기까지 소요되는 시간이 길 경우에 주로 사용된다.

■ New '슬림형' 서브 노트북 탄생

- ◆ 슬림형이므로 가방에 넣기가 좋다.

■ New '슬림형' 서브 노트북 탄생

- ◆ 슬림형을 실현하기 위해 새로운 액정을 채택했습니다.

■ New '슬림형' 서브 노트북 탄생

◆ 새로운 액정에 의한 경량화 실현, 결과적으로 배터리를 크게 만들 수 있었습니다.

■ New '슬림형' 서브 노트북 탄생

◆ 지금까지 고가의 옵션 품목이었던, 보조 배터리도 필요 없게 되었습니다.

❸ 결론선행형

: 가장 자극적인 방법의 구성으로 처음에 먼저 결론을 제시하는 방법이다. 다만 결론이 청중을 자극할만한 내용이 아니면 자칫 실패의 위험도 높다.

100만원 대의 노트북 탄생

◆ 드디어 실현된 경이적인 가격

100만원 대의 노트북 탄생

◆ 충분한 사양

◆ 표준에 맞춘 디자인

◆ A/S 조건도 이전과 동일

100만원 대의 노트북 탄생

◆ 계획한 수량만을 한정 생산

◆ 직판으로만 판매

◆ 한 세대 전의 일반화된 부품을 이용

···› 60페이지

구성 요소를 줄이는 요령

청중에게 전달해야 할 내용이 많다면 특징과 장점 등을 구분하여 슬라이드를 나누는 것이 좋다.

신기종 에어컨의 특징

- 70만원 대로 저렴하다.
- 월 평균 14,000원의 경제적인 유지비
- 센서를 통해 방 안 구석까지 시원하게 냉방
- 국내 환경에 적합한 강력한 제습 기능
- 설치 비용 저렴
- 공기 청정 기능 추가

전달해야 할 것은 6개로 많지만, 어필하는데 부담스럽다.

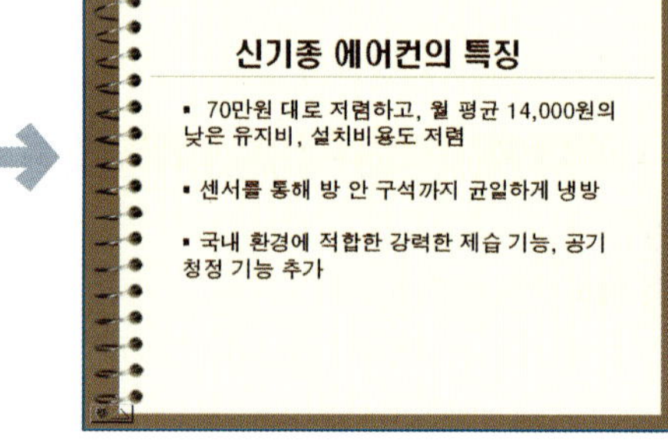

6개의 구성 요소를 억지로 압축했지만, 이해하기 어려운 것은 마찬가지다.

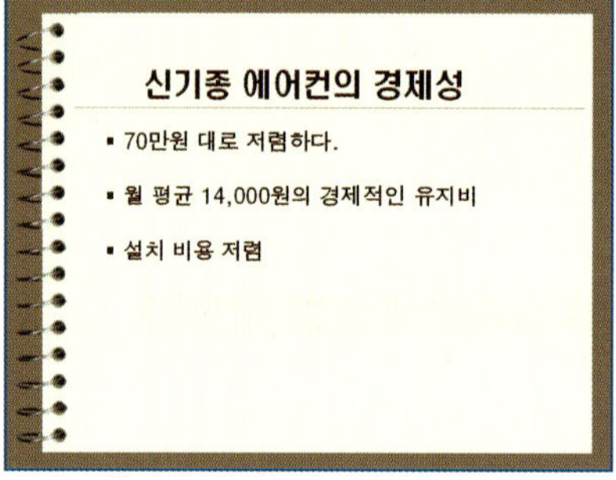

6개의 구성 요소를 가진 위의 슬라이드를 두 개의 슬라이드로 구분한 후 경제적인 측면을 분리하였다. 훨씬 알기가 쉽다.

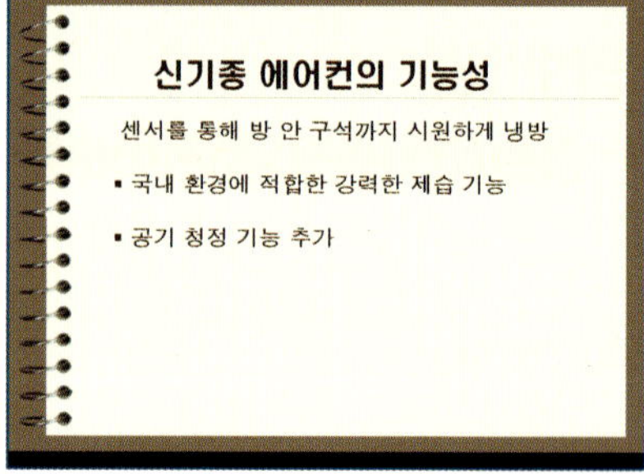

두 개의 슬라이드로 구분한 것 중 기능적인 측면을 고려한 슬라이드.

⋯› 95페이지

그래프의 유형과 용도별 특징

프레젠테이션에 있어서 그래프도 중요한 구성 요소 중의 하나임은 틀림없다. 보기 좋고 이해하기 쉬운 그래프를 만든다는 자체가, 성공 프레젠테이션에 있어서 중요한 열쇠이다.
먼저 그래프의 종류에 따른 적절한 사용법을 익혀 두면 좋다. 그래프에는 각각의 용도에 따라 역할이 있음에 주의하자. 그래프의 용도를 잘못 사용하게 되면 표현하고자 하는 데이터를 올바르게 비교할 수 없다. 용도에 따른 역할이 맞지 않은 그래프의 사용은 오히려 역효과를 가져온다.

그래프의 종류	특징	용도	참고 유형
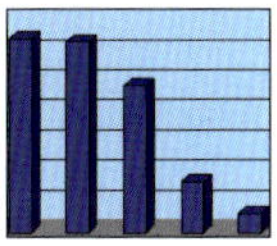 막대형	각각의 수치의 상하를 비교하기 편리하다.	영업소별, 분기별 매출차이분석, 상품별 판매추이 비교	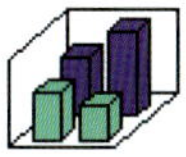 3차원 막대형
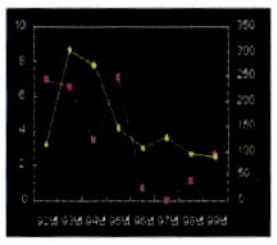 꺾은선형	시간의 경과에 따른 수치의 추이를 잘 표현해준다.	월별 매출의 변화, 시간당 고객수 변화 등	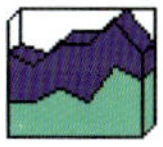 영역형 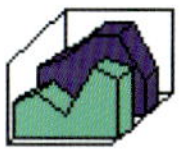 표면형
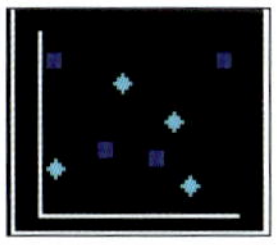 분산형	데이터의 산발적인 분포 경향을 표시한다.	고객의 주요 소비경향, 시간대별 소비 변화 등	
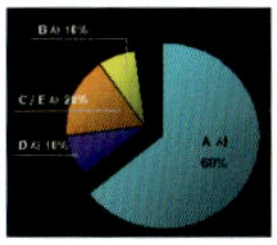 원형	면(적)으로 분담률을 비교, 구분하기 편리하다.	상품의 점유율 비교, 제품을 구성하는 각 파트의 비용표시 도넛형	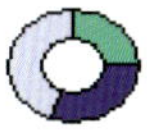 도우넛형
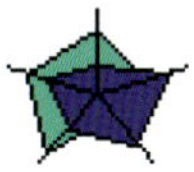 방사형	몇 개의 수치를 비교하여 종합적인 우위를 판단 하는데 용이하다.	승용차의 성능 비교, 상품의 구입 동기 비교 등	

···› 100페이지

보기 쉬운 그래프란?

프레젠테이션에 사용한 그래프라면 일단 구성 요소는 적을수록 좋다. 또한 비교를 위한 막대그래프는 3~5개 정도가 적합하며, 숫자의 차이가 너무 없으면 일부를 생략하여 차이를 부각시켜주는 것이 좋다.

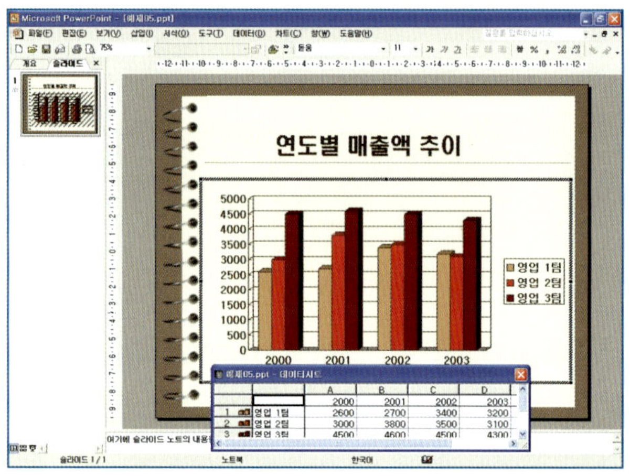

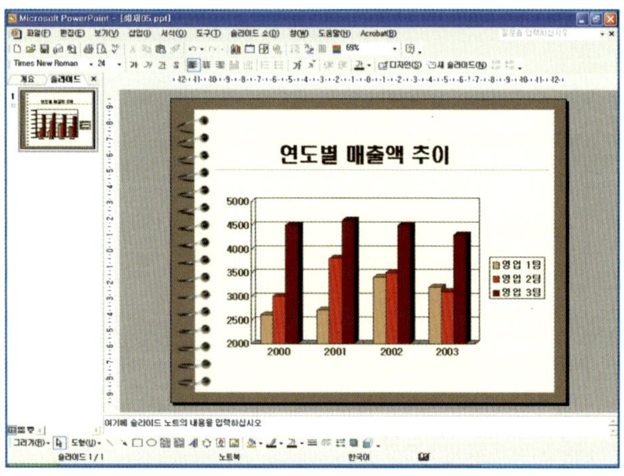

··· 101페이지

사람들이 알기 쉬운 색이란?

어느 민족이든 일정수준의 언어가 발달하게 되면 보통 11가지 색의 이름은 가지고 있다고 한다. 공간이 겹쳐지지 않는 이 11가지 색을 색 이름의 영역을 나타내는 좌표계라고 부르며, 지하철 노선도 등은 이를 가장 잘 활용한 예가 된다. 여기서 말하는 11가지 색이란, 흰색, 회색, 검은색, 적색, 녹색, 노란색, 청색, 보라색, 갈색, 오렌지색, 핑크색이다.

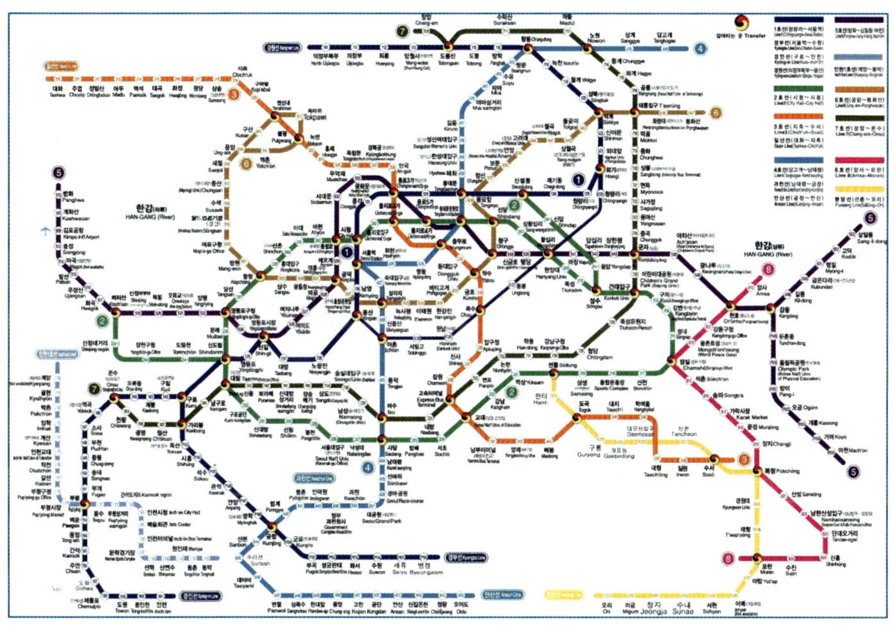

사람의 기억에 남는 11가지의 색을 잘 활용한 지하철 노선의 색상

···▸ 120페이지

슬라이드를 제작할 때 몇 가지 색이 들어가는 것이 적당할까?

3색 더하기 흰색, 2색 더하기 흰색 등을 사용할 경우 슬라이드가 2장 이상 간격이 벌어지지 않게 같은 배색으로 연결되면 청중은 슬라이드가 연이어 진행됨을 느끼게 된다.

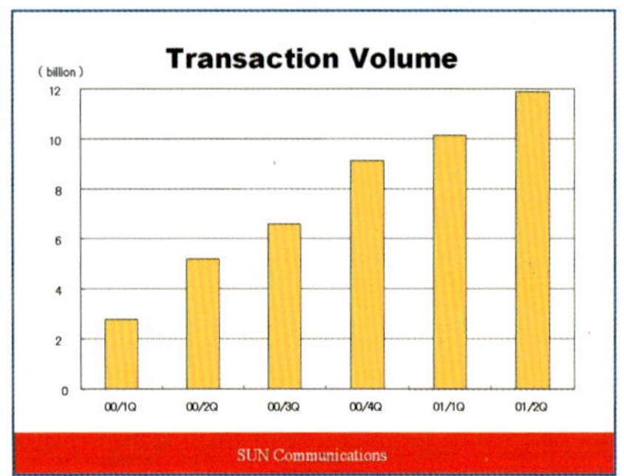

서식을 개조해서 이용할 경우에는 공통의 색을 사용해서, 연속되는 인상을 연출하는 것이 중요하다.

···› 138페이지

배경색이 고민된다면?

청색과 보라색 계열은 센스 있게 느끼거나 세련되고 지적인 인상이 강하다.
반면 배경을 흰색으로 깔면 건방지지 않은 솔직한 인상을 심어준다.
이는 초보 프레젠터에게 적합하다고 할 수 있다.

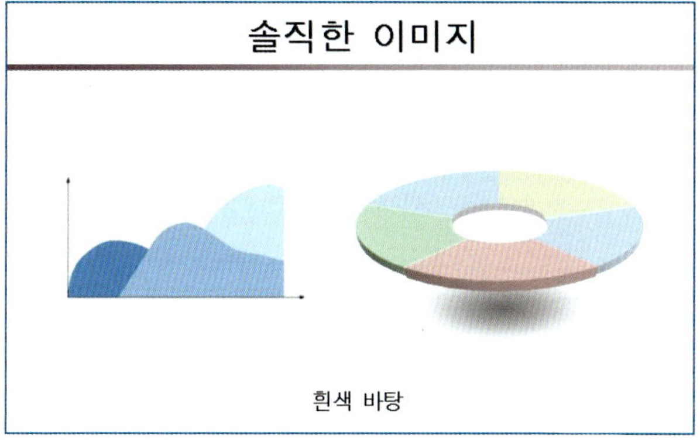

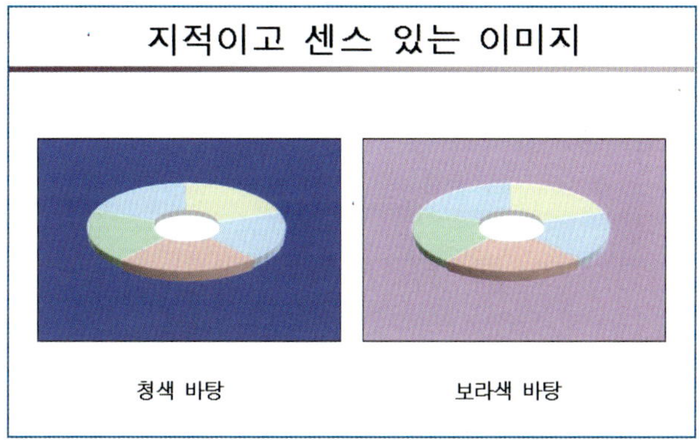

···› 139페이지

Presentation

프레젠테이션시 한 슬라이드에 적당한 문자수는?

프레젠테이션의 용도에 따라 특별한 제한은 없지만, 파워포인트의 표준 서식은 28포인트에 18~22자 정도이다. 다만 영화 자막이나 청중이 제대로 읽어주길 바란다면 12~15자 정도가 적당하다.

여름 신상품에 대한 안내

이번에 발표하는 신상품에 대해서, 판매전략을 중심으로 안내합니다.

여름 신상품에 대한 안내

이번에 발표하는 신상품에 대해서 판매전략을 중심으로 안내합니다.

··· 169페이지

읽을 수 있는 문자의 양

프레젠테이션의 슬라이드에 쓰여진 문자는 상대방이 읽을 수 있어야 한다.
물론 설명도 듣긴하지만, 듣기만하고 읽지 못한다면
청중의 집중력은 그만큼 떨어질 위험이 많다.

자막슈퍼의 표시 문자 수는?

세로 표시 – 10문자 x 2행

가로 표시 – 13문자 x 2행

…› 167페이지

비주얼을 사용한 슬라이드 효과

청중의 인상에 깊이 남기려면 텍스트로 설표현하는 슬라이드 보다는 비주얼을 활용한 슬라이드가 훨씬 효과적이다. 실제로도 사람의 시선이 가장 끌리는 것은 말이나 문자보다는 구체적인 사진이나 도해 등의 비주얼이다.

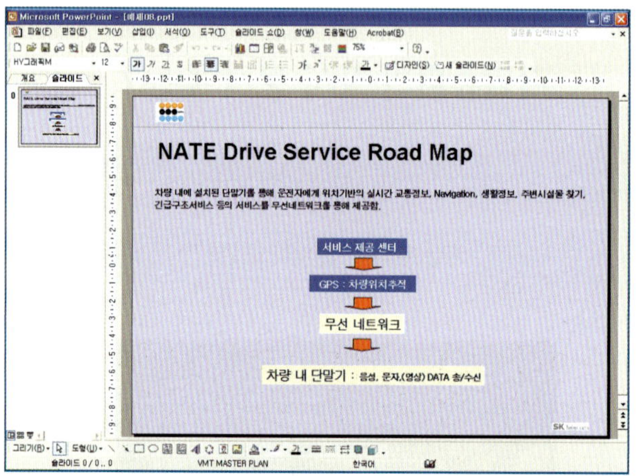

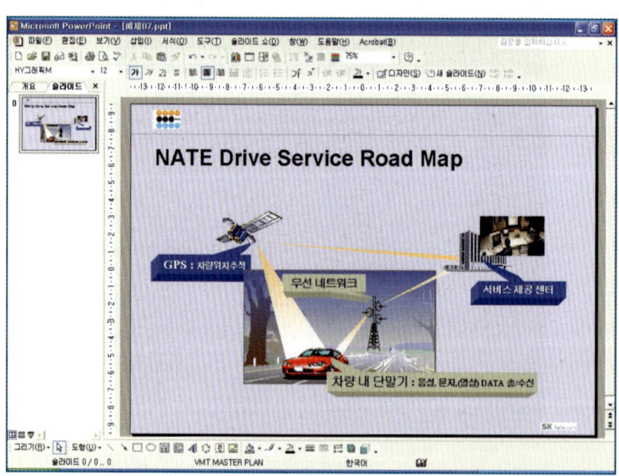

···› 112페이지

Visual Page

프레젠테이션시 적합한 서체는?

빔 프로젝트를 투영한다면 스크린과 적어도 2미터 이상의 거리를 두기 때문에 20포인트 이상의 서체 크기에 한글의 경우 꺾임이 없는 고딕계열의 서체를, 영문의 경우 산세리프 계열의 Arial 서체 등을 사용하는 것이 좋다.

파워포인트를 이용한 프레젠테이션 시
적합한 한글서체 vs 적합하지 않는 한글서체

고딕계열

HY헤드라인	고딕체는 세밀한 선이 뭉개지지 않는다
중고딕	고딕체는 세밀한 선이 뭉개지지 않는다
굴림체	고딕체는 세밀한 선이 뭉개지지 않는다

명조계열

바탕체	명조체는 세밀한 선이 뭉개지기 쉽다
HY견명조	명조체는 세밀한 선이 뭉개지기 쉽다
HY신명조	명조체는 세밀한 선이 뭉개지기 쉽다

명조체는 세밀한 선이 희미해지기 쉽다. 특히 떨어져서 보면, 보기에 더욱 불편한 경우가 많다.

프레젠테이션에서 사용하는 영문서체는 산세리프 계열의 글꼴이 적합하다.

…→ 131페이지

파워포인트를 이용한 프레젠테이션시 문자의 크기는?

수십 명 규모의 프레젠테이션이라면 문자의 크기가 28, 32, 44 포인트는 되어야 한다. 문자의 크기는 프로젝터 투영시 스크린의 크기(인치)에 따라 변화되므로 실전에서는 슬라이드 문자 크기를 장비(빔 프로젝트, 스크린)와 함께 미리 조절해 두는 것이 좋다.

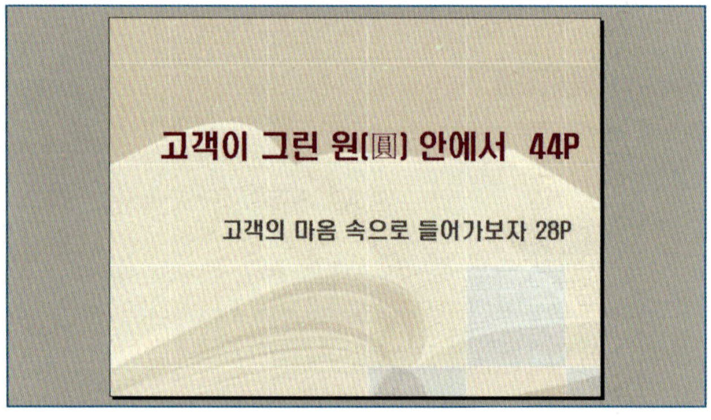

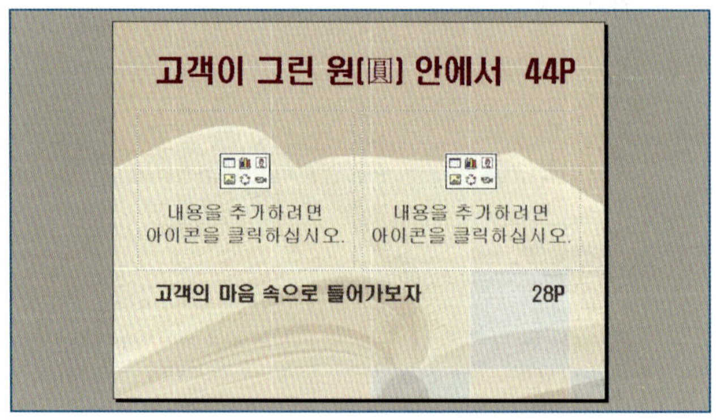

…› 166페이지

How to Professional Presentation

감동의 20분

마법의 프레젠테이션 기술

● 도다 사토루 지음

머리말

감동의 20분, 마법의 프레젠테이션 기술

프레젠테이션을 성공시키는 데는 다양한 능력이 요구되지만, 의외로 이를 터득한 사람은 거의 없다. 파워포인트 슬라이드만 잘 만들면 성공이라고 생각하는 사람이 아직도 많다.
다시 한번 생각해 보기 바란다. 프레젠테이션의 내용 그 자체는 그렇다 치자.
예를 들어 신상품을 홍보하기 위한 아이디어에는 빈틈이 없는가?
파워포인트 슬라이드 작성에 있어서도, 어떤 서식을 선택하고 어떤 색을 사용할 것인가에 대해 제대로 고려하고 있는가? 또 적절한 문자 사이즈는 숙지하고 있는가? 스토리 구성에도 자신을 가지고 있는가? 분위기 고조점의 위치는 몇 번째 슬라이드에 설정했는가? 아니면, '프레젠테이션을 몇 분간 진행하는 것이 적절한가'라고 생각해본 적이 있는가?
준비를 끝내고 드디어 발표 당일, 뒷좌석의 사람에게까지 영상이 제대로 보인다는 확신은?
또 말하는 법은 적절한가?

프레젠테이션에 관한 상식은 온통 틀린 것뿐이었다!

지금까지는 모두 감각의 세계였다. 예를 들면 '프레젠테이션은 1시간 정도로 끝내면 된다'고 대부분 생각하고 있다. 그러나 그 근거를 물어보면 명쾌하게 대답하지 못한다. '대체로 1시간이 관례이니까' '다른 프레젠테이션도 그랬으니까' 정도의 궁색한 이유밖에 없기 때문에 대답이 곤란한 것이다.
프레젠테이션은 짧아야 설득력이 높다고 조언한다면, '그럼 45분 정도면 되는 것 아닌가'라고 생각할 것이다. 이것 또한 일반인들의 감각적 판단에 불과하다.
정답은 불과 20분이다. 인간의 집중력이 지속되는 시간을 생각하면 한 시간의 프레젠테이션은 너무 길다. 물론 내용 구성이 확실하고 분위기 고조점의 위치를 제대로 설정하고 있다면 30분 정도는 집중력을 유지할 수 있을 것이다.
그러나 이번에는 적절한 구성 만들기에 다시 골머리를 썩게 된다. 프레젠테이션에 관해 효과적인 구성을 터득하고 있는 사람이 거의 없다. 당연한 일이다. 왜냐하면, 아주 최근까지만 해도 비즈니스에 꼭 필요한 능력이 아니었다. 아직 학교나 회사에서는 아무도 가르쳐주지 않는 것이었다. 그렇다면, 지금부터 이 책을 읽으면서 공부해 가길 바란다.

프레젠테이션에 요구되는 능력은 문장력에서 화술까지, 모두가 밀접하게 관련되어 있다. 이 책은 프레젠테이션에 필요한 모든 포인트를 남김 없이 해설했다. 그 결과로써 얻어진 정리에 난해한 점은 하나도 없으며, 모두 눈을 번쩍 뜨게 할 만한 것들이다.

덧붙여 올바른 구성 제작법은 제 1장에서 설명한다. 구성 제작법을 터득하기만 하면 고객이 프레젠테이션에 식상해 하는 것을 극복할 수 있고, 설득력 역시 크게 향상시킬 수 있다.

다양한 전문가의 검증을 거쳐 프레젠테이션의 최종정리가 완성되었다!

이 책의 목적은 지금까지 애매한 감각에만 의지해 오던 프레젠테이션의 이론을 확립하는 것이다. 이를 위해 각 분야의 전문가에게 취재를 의뢰했고, 검증 받은 데이터를 수집하였다.

1년 가까이 취재와 조사를 통해, 지금까지 누구도 터득하지 못했던 프레젠테이션의 이론을 정립할 수 있었다. 프레젠테이션을 앞두고 고민되거나 모르는 부분이 있을 때 이 책의 이론을 적용하면 큰 도움이 될 것이다.

또 평상시에 프레젠테이션을 여러 번 진행해 본 경험자라 할지라도, 처음 시작하는 심정으로 일독을 권한다. 지금까지 알고 있던 프레젠테이션의 상식, 스스로 확립한 프레젠테이션 기술의 많은 부분에서 잘못된 점을 찾을 수 있을 것이다.

참고로 이번 책은 초판본인 성공 프레젠터 실전 노하우를 부분 개정한 책이다. 내용상 초판본과 큰 차이는 없으나 현지 실정에 맞게 예제를 수정하고 프레젠테이션에 적합한 서체 사용법, 프로젝터 설치 법 등을 추가하였다. 아울러 독자들의 이해를 위해 본문에서 다룬 중요한 예제들을 화보에 담아 좀더 쉽게 이해할 수 있도록 하였다. 초판본을 구입하신 독자들은 굳이 다시 구입할 필요는 없다. 바뀐 내용과 예제 자료는 출판사 홈페이지 자료실을 참조하기 바란다.

프레젠테이션은 상담과 회의의 정수이다. 가장 주목 받으면서 프로젝트의 주역이 될 수 있는 순간이다. 그렇기 때문에 더욱 능력이 필요하며, 실패는 용서되지 않는다. 슬라이드 작성에서 발표까지, 이 책을 참고하여 성공 프레젠터가 되자. '프레젠테이션이라면 내게 맡겨라' 라며 가슴을 쭉 펴고 말해보자.

경쟁과 상담에서 연승하는 쾌감은 이제 당신의 것이다.

Contents

Visual Page Contents

프레젠테이션 성공의 10가지 철칙 3
이길 수 있는 시나리오를 만들자 4
프레젠테이션 데이터를 만들자 5
프레젠테이션을 위한 준비와 발표 6
기획서와 프레젠테이션의 차이 7
프레젠테이션에서는 '색'을 유용하게 쓸 것! 8
목적과 대상을 고려한 슬라이드 디자인 서식의 올바른 선택 10
알아두면 좋은 RGB 색상 조견표 12
시선을 빼앗는 디자인 서식들 13
사용해서는 안되는 서식과 사용해도 되는 서식 14
무난한 디자인 서식 15
홍보에 적합한 디자인 서식 16
온화한 느낌의 디자인 서식 17
여성지향의 디자인 서식 18
구성 요소는 가급적 3가지로 결정하자 19
프레젠테이션 구성의 3가지 패턴 20
구성 요소를 줄이는 요령 22
그래프의 유형과 용도별 특징 23
보기 쉬운 그래프란? 24
사람들이 알기 쉬운 색이란? 25
슬라이드를 제작할 때 몇 가지 색이 들어가는 것이 적당할까? 26
배경색이 고민된다면? 27
프레젠테이션시 한 슬라이드에 적당한 문자수는? 28
읽을 수 있는 문자의 양 29
비주얼을 사용한 슬라이드 효과 30
프레젠테이션시 적합한 서체는? 31
파워포인트를 이용한 프레젠테이션시 문자의 크기는? 32

제1장 이길 수 있는 시나리오를 만들자 25

Step1 우선 스케줄부터 결정하자 26

프레젠테이션의 순서를 생각한다 26
Tip & Tip 배포용 파워포인트 자료 인쇄할 때의 주의사항 33
프레젠테이션의 목적확립 34
자료 수집 36
Tip & Tip 자료 수집을 위한 인터넷 검색엔진 이렇게 사용하자 39
아이디어는 소프트웨어로 정리하자 40
Tip & Tip 아웃라인 프로세서 프로그램 - 싱크와이즈 44
전체의 길이를 생각한다 47

Step2 구성에 따라 격이 다른 설득력이 생긴다 51

구성은 차트로 연구하자 51
프레젠테이션의 일반적인 구성 요소를 알아두자 58
프레젠테이션의 구성을 세 가지 패턴으로 분류한다 60
기승전결을 고려한다 65
취재 : 프레젠테이션에 있어서의 교섭과 결론 도출에 대하여 67
- 사카키 히로부미, 게이오대학 교수

제2장 프레젠테이션 데이터를 만들자 75

Step1 파워포인트의 올바른 사용법 76

지금은 파워포인트가 표준이다 76
디자인 서식을 마스터하자 78
Tip & Tip 잘 만들어진 디자인 서식(*.pot) 파일을 사용하자 89

Step2 설득력 있는 슬라이드 제작 90

구성 요소는 몇 가지를 사용해야 하는가? 90
그래프 작성 요령 99
비주얼을 사용하자 112
취재 : 가독성이 뛰어난 프레젠테이션 자료에 대하여 115
– 야구치 히로히사, 치바대학 교수

Step3 프레젠테이션에 효과적인 '색'에 대해 알아보자 123

슬라이드의 색을 생각한다 123
색이 지닌 심리적 효과를 알아 두자 132
취재 : 색이 지닌 심리적 효과에 대하여 133
– 타카사카 미키, 컬러 컨설턴트
디자인 서식의 추가 이용 149
추천 디자인 서식 150

Step4 문자에 강해지자 156

문자를 지나치게 넣지 말자 156
가독성 높은 문자 크기를 알아 두자 158
취재 : 시력과 가독성 있는 문자 크기에 대하여 158
– 토모히로, 일본안과의회 총무담당 상임이사
읽을 수 있는 문자의 양을 알아 두자 167
취재 : 방송용 자막 문자에 대하여 – 야마가타 겐니치, 172
(주)후지TV 미술제작국 미술업무부 타이틀 디자이너

Step5 애니메이션을 사용하자 176

애니메이션을 사용해야 하는가? 176

Step6 배포 자료를 인쇄한다 181

인쇄 레이아웃을 생각한다 181

Tip & Tip 1 파워포인트에 동영상 삽입하기 187
Tip & Tip 2 파워포인트에 플래시 삽입하기 191
Tip & Tip 3 인터넷 상의 동영상 저장 방법 193
Tip & Tip 4 인터넷 상의 플래시 파일 저장 방법 193
Tip & Tip 5 이미지 캡처 194

제3장 발표하기 195

Step1 발표 장소와 장비의 물색 196

발표 장소를 결정한다 196
빔 프로젝터 선택법 202
취재 : 빔 프로젝터의 선택과 활용에 대하여 202
- 우시야마, 엡손판매주식회사 영상기기 판매추진과
책상과 의자를 배치한다 212
자료를 배포한다 214
Tip & Tip 파워포인트 파일 PDF로 만들기 219

Step2 말을 잘하는 법 220

말을 잘하기 위해서 220
취재 : 프레젠테이션에 있어서의 커뮤니케이션에 대하여 224
- 야스자키 노리오, 와세다대학 교수
질문에 대답하는 방법 230

후기 233
부록 235
프로젝터와 컴퓨터 연결하기 236
찾아보기 238

참고 본문에서 설명한 파워포인트 예제는 www.bookbee.co.kr 자료실에서 다운로드 받을 수 있습니다.

제 1 장

이길 수 있는 시나리오를 만들자

Step 1

우선 스케줄부터 결정하자

프레젠테이션 전체의 일정을 파악해 두지 않으면 작업에 지장이 온다. 발표 당일에 늦지 않도록 대략적인 스케줄을 미리 짜두자.

프레젠테이션의 순서를 생각한다

제일 먼저 프레젠테이션 전체의 순서를 파악해 두자. 프레젠테이션 경험이 적은 사람일수록 순서를 확실히 해 둘 필요가 있다.

전체의 순서가 중요

프레젠테이션의 성공 여부는 우선 전체적인 순서 파악에 달려있다. 특히 프레젠테이션 경험이 적으면, 무엇부터 시작해야 할지 헤맬 수밖에 없다. 또 항상 프레젠테이션을 반복하고 있는 숙련자라 할지라도, 잠깐의 실수로 중요한 작업을 누락하는 경우가 종종 있다. 프레젠테이션을 성공시키기 위해 반드시 전체적인 진행 순서를 체크하기 바란다.

프레젠테이션의 전체적인 순서를 차트로 정리해 본다.

순서를 3개로 분할

우선은 프레젠테이션 순서를 3개로 분할해서 생각하자. '전체'는 프레젠테이션을 진행해 가는데 있어서 필요한 모든 상황을 파악하기 위한 것이다. '데이터 작성'은 파워포인트로 프레젠테이션 데이터를 작성하는 작업 그 자체이다. '하드웨어'는 빔 프로젝터와 PC, 발표 장소 등의 선정을 포함한다.

순서를 3개로 나누어 생각함으로써 실수로 인한 누락을 방지할 수 있으며, 효율적인 준비가 가능한 것이다.

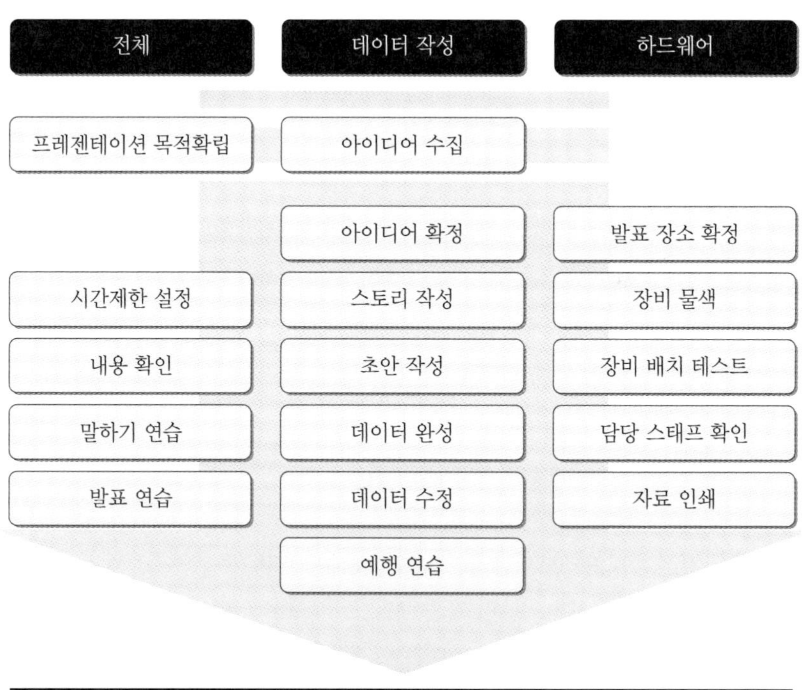

이제 모든 순서에 대해 간단히 설명한다. 각 순서에 대한 자세한 내용은 이 책 전체를 읽으면서 파악해 나가길 바란다.

전체

1. 프레젠테이션 목적확립

프레젠테이션 진행을 고려하면서, 데이터 작성과 하드웨어를 연계한 작업의 순서를 파악한다. 그다지 어렵게 생각할 필요는 없고, 총괄적인 작업 진행을 생각하면 된다.

우선 프레젠테이션의 목적을 명확히 하자. 무엇을 위해 프레젠테이션을 하는 것인가를 모르는 사람이 의외로 많다. 예를 들어, 신상품을 소개하는 프레젠테이션에서 최종목적을 모르고 있다면 정확한 슬라이드를 작성할 수 없다. '매스컴 보도를 위한 발표' '대리점과 도매상을 위한 발표' '사내 발표' 등, 상대에 따라 프레젠테이션의 접근방식이 달라진다. 자세한 설명은 나중에 하겠지만, 우선 프레젠테이션의 최종목적을 확인하는 것부터 시작하자.

2. 시간제한 확정

프레젠테이션에 사용할 시간을 정한다. 1시간인지 30분인지, 빨리 정하지 않으면 준비가 어려워질 수 있다.

3. 내용 확인

데이터의 초안이 완성된 시점에서 내용을 확인한다. 확인 작업은 발표자 혼자가 아니라 프레젠테이션에 관계한 모든 사람이 참여해야 한다. 만일 실수나 목적에 부적합한 점이 있다면 재빨리 수정하자.

4. 말하기 연습

데이터를 완성한 후 경험과 자신이 있더라도 한번쯤은 연습해 보는 것을 잊지 말아야 한다.

5. 발표 연습

장비 설치까지 끝난 단계에서 전체적인 리허설을 해보기 바란다. 시간이 없다면 발표 1시간 전이라도 상관 없다. 미리 해봄으로써 문제점을 찾아내게 되는 경우도 있다. 문제점을 이해하고 있을 때와 갑작스런 문제가 발생했을 때의 심리적인 부담은 전혀 다르다. 이를테면 마지막 손질인 셈이다.

데이터 작성

1. 아이디어 수집

우선은 설득력 있는 프레젠테이션을 위해 가지고 있는 모든 아이디어와 자료를 수집한다. 지금부터는 파워포인트로 작성할 슬라이드의 골자가 되는 부분이므로 적당히는 통하지 않는다. 가능하다면 시간도 충분히 할애하기를 적극 권한다. 프레젠테이션을 수행하기로 결정했다면, 기간과 발표 장소가 확정되지 않았더라도 이 작업을 우선적으로 서둘러야 한다.

2. 아이디어 확정

많은 아이디어 중에서 사용가능한 자료들을 확정한다. 물론 복수로 선택해도 상관없다. 또 그래프와 사진 등의 시각 자료가 필요하다면, 이 단계에서 준비해야 한다.

3. 스토리 작성

전체 시간을 고려해서 스토리를 구성한다. 페이지 수와 기승전결도 염두에 두자. 불안하다면 상사나 동료와 상담해서 모순점과 실수를 검토한 뒤, 스토리를 결정한다. 프레젠테이션 자료가 완성된 이후에 중심 스토리가 변경된다면 큰 골치거리가 될 수 있다.

4. 초안 작성

아직 디자인에는 신경쓰지 말고, 내용을 빼놓지 않고 제작할 프레젠테이션의 초안 슬라이드를 작성하자. 스스로 내용을 확인하는 것은 물론이고, 상사와 동료 등 프레젠테이션에 관계한 모든 사람이 체크할 수 있도록 인쇄해서 내용을 파악할 수 있는 수준이면 된다.

5. 데이터 완성

시각 자료를 완성하고, 디자인을 적용하고 나면 파워포인트 슬라이드가 완성된다. 늦어도 프레젠테이션을 실시하기 일주일 전에는 완성해야 한다. 물론 배포용 자료로써 사용 가능함은 인쇄가 가능한 상태여야 한다는 것이 전제이다.

6. 데이터 수정

필요하다면 연습과 주변의 조언을 참고해서 데이터를 수정한다. 이제 거의 완성 단계에 왔다. 이 단계에서 오자와 탈자를 체크해야 한다.

7. 예행 연습

말하는 연습이 아니라, 파워포인트 상에서 데이터가 제대로 동작하는가를 확인한다. 특히 애니메이션을 사용할 때는 정확한 타이밍에 동작하는가를 신중하게 확인하길 바란다.

하드웨어

1. 발표 장소 확정

프레젠테이션을 진행할 장소를 정한다. 장소가 정해져 있다면 편하지만, 그렇지 않을 경우 스스로 물색해서 확정하자. 당연히 참가자 수 파악과 프레젠테이션 일정 수립 등이 선행되어야 한다.

2. 장비 물색

PC와 빔 프로젝터 등 필요한 장비를 준비한다. 회사나 발표 장소에 장비가 없으면 대여해야 하므로 가능한 한 빨리 예약한다. 품의서를 제출하는 등 시간이 걸리는 경우도 많기 때문에, 빨리 처리해 두는 것이 바람직하다.

3. 장비 배치 테스트

의외로 발표 당일 시작 직전에 장비를 접속하고 세팅하는 사람이 많은데, 너무 위험한 일이다. 대여인 경우엔 시간 제약이 있겠지만, 가능한 한 사전에 체크해 두어야 한다. 회사에서 사용하고 있는 장비라 할지라도 불시에 고장이 날 수 있기 때문에, 정상적인 동작 여부를 확인해 두어야 한다. 사전에 테스트 함으로써 케이블과 AC어댑터 등의 누락을 방지할 수 있다.

4. 담당 스태프 확인

예를 들어 자료 배포나 접수 등을 다른 스태프가 담당할 때는, 누가 담당하는지 확실하게 확인해 둔다. 물론 보다 전단계에서 확인해도 되지만, 타이밍을 적절하게 맞추지 않으면 너무 서툴러 종종 잊어버리는 경우도 있다. 대규모 프레젠테이션일 경우 스태프 관리 그 자체를 다른 사람에게 맡기지 않으면 실수할 경우가 생긴다.

5. 자료 인쇄

데이터를 완성하면 배포할 자료를 인쇄한다. 분량이 많을 때는 출력소에 복사나 인쇄를 의뢰하는 편이 비용이나 시간면에서 유리한 경우가 많다. 특히, 배포 자료를 흑백으로 복사나 인쇄를 할 경우 슬라이드의 컬러 글자 부분이 잘 보이질 않을 경우가 발생하니 주의하기 바란다. 번거롭지만 자료작성시 화면용과 인쇄용을 별도로 제작하는 세심함이 필요하다.

| Tip & Tip |

배포용 파워포인트 자료 인쇄할 때의 주의사항

파워포인트로 멋지게 작업한 발표용 인쇄물은 PC나 빔을 통한 스크린 화면에서 볼 때와 배포용 지면으로 출력해서 볼 때 완전히 느낌이 다르다. 가령 짙은 배경색으로 검게 나오는 경우나 짙은 배경색에 색이 들어간 문자는 화면에서는 잘 보일지언정 배포용 인쇄물에서는 좀처럼 보이지 않는다. 이런 점을 감안하여 준비한 프레젠테이션 자료라 하더라도 청중에게 배포할 것과 스크린을 통해 화면용으로 보여줄 것은 사전에 구별하여 구비해두는 것이 좋다. 참고로 불필요한 프린터의 잉크낭비를 줄이고 컬러로 작성된 파워포인트 작성물을 좀더 잘 보이게 하려면 인쇄 옵션에서 흑백이나 회색톤을 주면 배경색 등에 구애받지 않고 선명하게 인쇄할 수 있다.

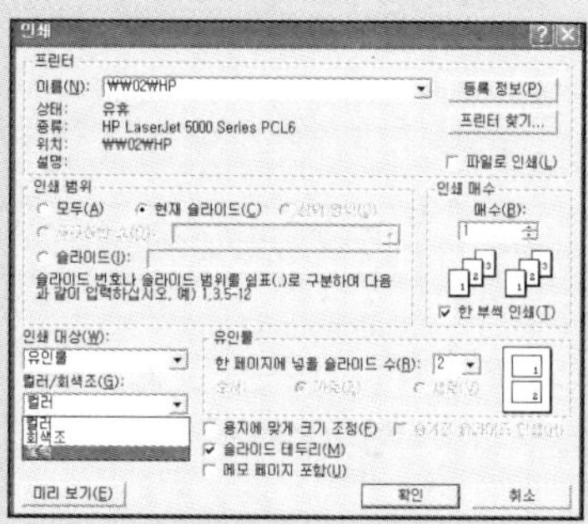

프레젠테이션의 목적확립

프레젠테이션의 목적을 명확히 한다. 다음 세 가지 포인트만 확정하면 프레젠테이션의 골자가 결정된다.

프레젠테이션의 목적을 확립한다

무엇을	프레젠테이션의 세 가지 핵심 포인트	예시
무엇을 위해	소개할 상품과 서비스를 명확히 한다.	신상품, 회사의 운영방침 등
	그 상품과 서비스를 프레젠테이션하는 의미, 즉 프레젠테이션의 목적을 결정한다. 단순히 소개하는 것과 홍보하는 것은 크게 다르다.	상담시의 프레젠테이션, 사내 신상품 개발회의에서의 프레젠테이션 등
누구에게	대상을 확정한다. 때로는 상대방의 프로필 등 마케팅 요소가 얼마나 필요한지도 판단해야 한다.	거래처의 고객, 사내회의, 매스컴 등

간단한 부분부터 결정해 간다

처음에 세 가지 핵심 포인트를 확실히 결정하기 바란다. '무엇을, 무엇을 위해, 누구에게' 이 세 가지가 프레젠테이션의 핵심이므로, 확실히 파악해 두지 않으면 최종목적이 불투명해지기 쉽다.

그 자체를 파악하자

확실히 결정할 수 있는 부분부터 정해가는 편이 쉽다. 우선은 무엇을 프레젠테이션 할 것인가를 정하자. 상품이나 서비스의 판촉과 소개, 회사방침 등을 프레젠테이션 하는 것이 일반적이다. 소개할 상품, 서비스, 기획이 있어야만 프레젠테이션이 성립된다. 즉, 상품이나 서비스 그 자체를 파악하는 것이다.

특히 신상품, 새로운 서비스를 소개하는 프레젠테이션에서는 사양을 완전히 결정하지 않은 단계에서 미리 시작하는 경우가 많으므로, 모순이 발생하지 않도록 주의해야 한다.

목적

상품이나 서비스를 프레젠테이션 한다고 하면, 그 목적이 무엇인지 처음에 명확히 해둔다. 당연히 '상담이니까 홍보하는 것이다' 라고 생각하는 사람도 많을 것이다. 그러나 그것만으로는 명확한 목적이라 말할 수 없다.

보다 구체적인 목적을 명확히 해두어야 하는 것이다. 상담일 경우 무엇을 중심으로 PR할 것인지, 경쟁사 및 경쟁자의 상황은 어떤지, 즉 무엇을 주장하는 것이 프레젠테이션의 목적인지 구체적이고 명확하게 해두어야만 한다.

대상

상대에 따라 프레젠테이션의 내용이 크게 달라지므로, 누구를 상대로 하는 프레젠테이션인지 명확히 하자. 예를 들어 사내의 소규모 프레젠테이션이라면 시각 자료에 그다지 신경 쓸 필요가 없다. 왜냐하면, 상품에 관한 기초지식을 가지고 있는 경우가 대부분이기 때문이다. 그러나 신규고객이 대상이라면 상대의 사전지식 보유 여부를 확인할 수 없다. 그러므로 프레젠테이션의 내용도 알기 쉽고 정중해야 하며, 시각 자료를 포함한 완성도에도 신경써야 한다.

자료 수집

모을 수 있는 최대한의 자료를 모으자. 쓸모없다고 생각했던 아이디어나 소재도 나중에 활용 가능하다!

우선 모을 수 있는 만큼 모은다

제일 먼저 프레젠테이션 아이디어를 확립한다. 예를 들어, 신상품이라면 다른 상품에 없는 특징을 명확히 한다. 상담이라면 어떤 방식으로 상대를 설득할 것인가를 정해야만 한다. 누구에게도 지지않을 아이디어가 있다면 프레젠테이션의 강력한 무기가 된다.

아이디어를 뽑아내는 수단으로는 우선 자료를 많이 모으는 방식이 좋다. 적은 정보에서 아이디어를 짜내는 것보다는 어쨌든 대량의 정보를 모아두고, 그것을 입력한 다음에 생각하는 것이 쉽기 때문이다.

바꾸어 말하자면, 대단한 아이디어를 생각해 냈다고 해도 그것을 뒷받침할 정보와 데이터가 갖추어져 있지 않다면 프레젠테이션 자체가 불가능하기 때문이다. 우선은 '정보가 있는 다음' 이라고 생각하자. 많은 정보를 눈앞에 놓고, 거기에서 발상을 전개하면 된다.

프레젠테이션을 준비할 때 가장 시간을 많이 잡아먹는 것이 자료 수집이다. 역으로 말하자면, 무제한으로 시간을 투여할 수 있다는 것이다. 파워포인트 슬라이드를 제작하면서 필요할 때마다 정보를 수집한다면, 전체적인 시간이 얼마나 걸릴지조차 파악할 수 없다. 얼마만큼의 시간이 들 것인가를 결정하고, 그 시간 안에 수집한 자료를 기본으로 작업을 진행해야 한다.

정보나 자료 수집이 어려우면

프레젠테이션의 정보나 자료 수집은 기획서를 만드는 방법과 비슷하다. 양쪽의 경험이 모두 적다면 상당히 어려울 수 있다.

자료 수집을 계획없이 진행하면 놀랄 만큼 많은 시간이 걸리며, 성과를 거두기도 어렵다. 확실하게 순서를 정해서 효율적으로 정보를 모으는 방법을 소개한다.

제일 간단한 자료 수집부터 시작한다

우선 가지고 있는 자료를 다시 한번 정리하자. 상품이라면 카탈로그나 팸플릿, 보도자료, 사양표, 취급설명서 등 다양한 자료가 이미 갖추어져 있다. 쓸데없는 수고를 하기 전에 우선 보유한 자료를 최대한 활용하기 바란다.

기존의 기획서를 간과하지 않는다

간과해선 안될 것이 기존에 완성한 기획서와 프레젠테이션 슬라이드이다. 즉, 다른 누군가가 동일한 상품이나 서비스에 관한 서류를 만들었다면 이를 활용하는 것이다. 사내에서 작성한 것을 활용해서 외부에 프레젠테이션을 하면 재사용한 자료라고 지적당할 우려도 없다.

이 단계에서 심사숙고 한다

손쉽게 모을 수 있는 자료를 갖춘 시점에서, 잠시 프레젠테이션의 골자에 대해 생각해 보기 바란다. 물론 자료가 부족할 수도 있다. 그러나 시안이 되는 자료가 있다면 무엇이 부족한지 명확하게 판단할 수 있다. 한 가지의 자료 수집에 매달리다 보면 전체적인 시야를 잃기 쉽다. 무엇이 필요한지 한번 더 심사숙고해서 자료를 찾는다. 어떤 정보나 자료를 확충할 것인가 전체적으로 고려해서 진행하기 바란다.

인터넷에서 찾는다

필요한 정보나 자료를 결정했으면 인터넷을 검색해 보자. 여기서는 구체적인 순서를 생략하지만, 인터넷에서의 정보검색도 단시간에 성과를 얻지 못하면 그만두는 편이 좋다. 소요되는 시간과 얻게 되는 자료 가치의 형평성을 고려해야 한다.

수많은 자료에서 아이디어와 프레젠테이션의 내용을 확정

파워포인트 데이터도 쉽게 만들 수 있다.

발상만 가지고 PC 앞에 앉아버린다

필요한 정보를 얻는데 시간이 너무 걸린다.

| Tip & Tip |

자료 수집을 위한 인터넷 검색엔진, 이렇게 활용하자

● 가급적 좋은 키워드를 선택한다

찾고자 하는 정보나 자료의 가장 핵심이 될만한 키워드를 조합하여 선택하는 것이 좋다. 고유명사를 키워드로 잡거나 문장을 길게 나열하여 검색하는 것도 좋은 방법이다.

● 검색 연산자를 활용하자

이는 각 검색엔진마다 조금씩 다르지만 자신이 자주 쓰는 검색엔진이라면 알아두고 사용하는 것이 좋다. 보통 AND, OR, NOT 등이 연산자로 사용된다.

● 검색할 단어수를 늘리자

키워드라고 해서 한 단어만 검색해보기보다는 근접한 키워드를 2~3개 입력하는 것이 검색에 더 효과적인다. 가령 찾고자 하는 것이 '주식'이라면 '주식 코스닥' 식으로 2개 이상 검색하면 더욱 빠르고 정확하게 검색할 수 있다.

● 검색엔진의 검색엔진, 메타검색을 활용한다

www.vivisimo.co.kr이나 www.multiro.co.kr, search.com 등은 여러 검색엔진의 DB를 검색해서 보여주는 사이트다. 이 메타검색은 다양하고 많은 검색을 할 때 편리하다.

아이디어는 소프트웨어로 정리하자

MS 워드에서 제공되는 아웃라인 프로세서(개요 기능)를 이용하면 때때로 생각나는 아이디어를 120% 활용할 수 있다.

아이디어를 정리하는 방법

여러가지 좋은 아이디어가 떠올라서 미처 정리할 수 없을 때는 아이디어 프로세서를 사용하면 편리하다. 아이디어 정리에는 예전부터 다양한 방법을 사용했지만, 아이디어의 수가 많아지면 아래와 같은 순서로 아이디어를 확립해 간다.

아이디어를 정리하는 순서

자료 등을 숙지한다

⬇

아이디어를 생각해 낸다

⬇

수많은 아이디어를 나열한다

⬇

활용 여부를 선택한다

⬇

채택할 아이디어를 결정한다

⬇

아이디어를 보완하고 뒷받침할 정보를 수집한다

타인에게 도움 받는 것도 좋다

아무래도 아이디어의 수가 모자랄 때는 상사나 동료에게 부탁해서 도움을 받도록 한다. 기본적으로 아이디어의 수가 많을수록 최종적으로 좋은 안을 발견할 수 있다.

아이디어를 소프트웨어로 정리한다

아이디어를 많이 수집한 다음, 활용 여부는 어떻게 선택하면 좋을까? 우선은 모든 아이디어를 일괄적으로 볼 수 있는 방법을 생각해야 한다. 모든 아이디어를 둘러보면서 퍼즐처럼 순서를 변경하거나 불필요한 것을 제거해 나간다.

이럴 때 도움이 되는 것이 아웃라인 프로세서Outline Processor의 기능이다. 얼마 전까지는 아이디어 프로세서라는 전용 소프트웨어가 존재했지만, 지금은 MS 워드나 파워포인트에 아웃라인 프로세서(개요) 기능이 포함되어 있다. 그러나 파워포인트의 아웃라인 프로세서 기능은 어디까지나 프레젠테이션 데이터의 순서를 구성하거나 수정하는데 사용하는 것으로 생각하는 편이 좋다.

아이디어 정리에는 MS 워드의 아웃라인 프로세서 기능을 사용하는 것이 최선이다.

아웃라인 프로세서란

아웃라인 프로세서의 기본적인 컨셉은 아이디어를 계층적으로 관리하는 것이다. 즉 수많은 아이디어에 상하관계를 부여해서 순서를 변화시켜 가는 것이다.

아웃라인 프로세서의 예

다음 화면은 아웃라인 프로세서 기능의 작업 예이다. 전용 어플리케이션을 사용하는 것이 아니라, MS 워드를 이용하고 있다. 화면은 최신판인 MS 워드2002지만, 워드에는 훨씬 전부터 아웃라인 프로세서 기능이 탑재되어 있었으므로, 버전이 달라도 기본적으로 동일하게 이용할 수 있다.

아웃라인 프로세서(개요) 기능을 호출한 다음, 세세한 것엔 신경 쓰지 말고 아이디어를 계속 입력한다. 이것을 계층화해서 정리하는 것이다. 계층은 아이디어의 수준을 말하는 것이다. 책의 목차 정도라고 생각하면 된다.

즉흥적으로 생각해 낸 아이디어는 상하관계를 고려하지 않는 경우가 일반적이므로, 일단 아이디어를 그룹핑한 다음 상하관계를 정해간다. 예를 들면 '싸다' 라는 그룹에는 '15% 가격인하' '포인트 환원' '기간한정판매' 등의 아이디어가 속하게 된다.

계층을 고려한 아이디어 그룹핑을 통해 대량의 아이디어가 몇 종류로 정리된다. 이렇게 되면 수월하게 아이디어가 정리된 것이다.

이외에도 아이디어를 정리하는 방법이 많이 있으며, 이에 관한 전문적인 서적도 나와 있다. 그러나 이 책은 어디까지나 프레젠테이션에 목적을 둔 해설

서이기 때문에, 이 정도의 입문 지식까지만 설명하기로 한다. 발상이 서투르다고 말하는 사람들의 대부분은 자신이 가진 아이디어를 정리하지 못하고 있을 뿐이다. 이런 경우 아웃라인 프로세서를 사용해 보면 생각하지도 못했던 아이디어가 떠오를 것이다.

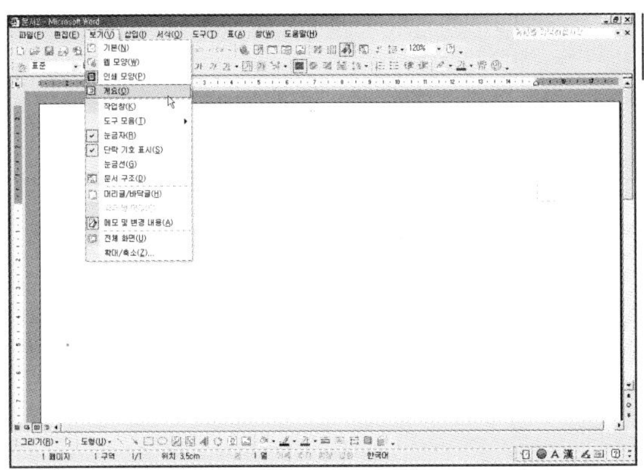

워드 화면을 [메뉴-보기-개요] 모드로 전환한다.

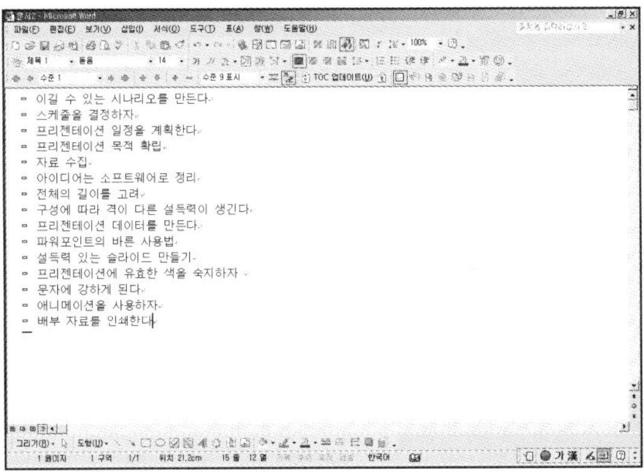

생각난 아이디어를 계속 입력한다.

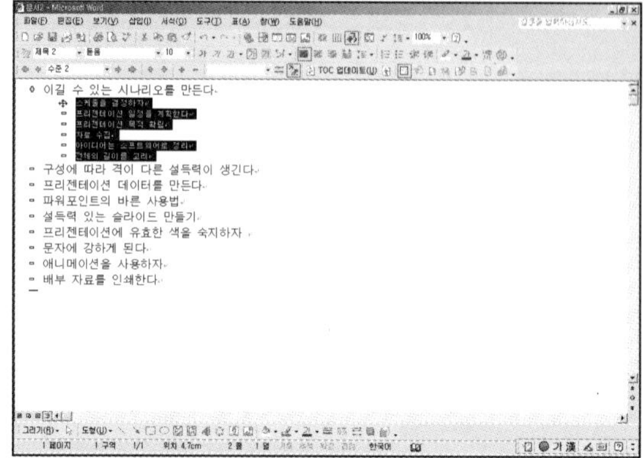

각 항목의 아이디어를 드래그하면 위치를 이동할 수 있다. 또한 다른 아이디어의 하층에 속하는 것이라 생각하면 버튼을 클릭해서 수준을 내리면 된다.

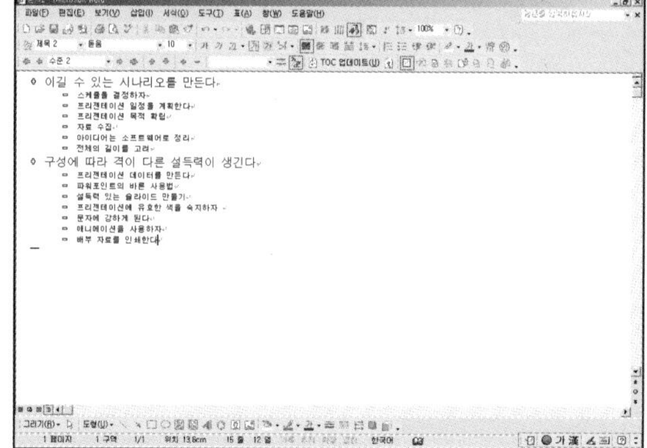

즉흥적으로 입력한 대량의 아이디어가 간략히 정리되었다. 즉 키워드가 압축되면서도 말하고 싶은 것을 모두 말할 수 있게 되었다.

| Tip & Tip |

아웃라인 프로세서 프로그램 - 싱크와이즈

아웃라인 프로세서의 역할을 좀더 편리하고 쉽게 해줄 수 있는 프로그램을 소개한다. '싱크와이즈'라는 프로그램으로 사용자가 입력한 항목을 드래그만으로 쉽게 분류하여 작업의 순서나 생각을 정리할 때 유용하게 사용할 수 있는 프로그램이다. 또한 싱크와이즈로 작업한 내용을 파워포인트 파일로 저장할 수도 있다.

● 싱크와이즈(Thinkwise) 다운로드 사이트

http://www.thinkwise.co.kr

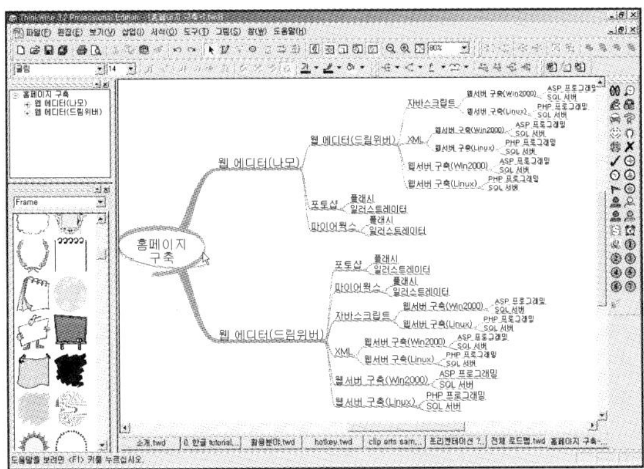

싱크와이즈 프로그램 실행 모습

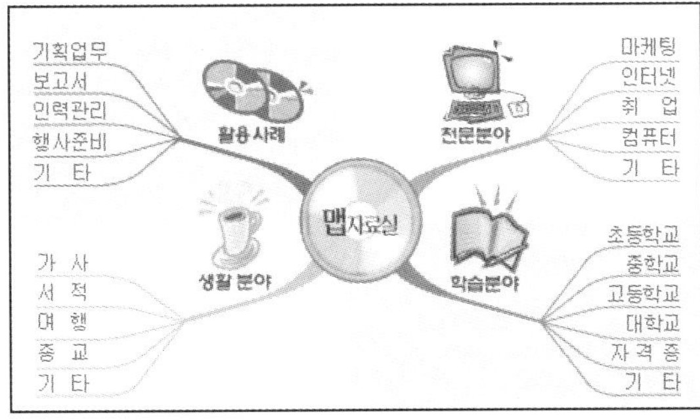

싱크와이즈를 이용한 자료 정리 사례

● 싱크와이즈 동영상 설명

▶ 하위 가지에 새로운 가지 추가하기
http://www.thinkwise.co.kr/think/viewlet/1_AddSubBranch/1_AddSubBranch_viewlet.html
▶ 가지 이동하기
http://www.thinkwise.co.kr/think/viewlet/2_MoveBranch/MoveBranch__viewlet.html
▶ 가지 복사하기
http://www.thinkwise.co.kr/think/viewlet/3_CopyBranch/CopyBranch__viewlet.html

위 동영상 링크가 안된다면 http://www.thinkwise.co.kr에서 [동영상 사용 설명서]를 클릭하시면 됩니다.

전체의 길이를 생각한다

설득력 있는 프레젠테이션의 길이를 알고 있는가? 효과적인 프레젠테이션을 위한 효과적인 시간 배정에 대해 알아두기 바란다.

프레젠테이션의 길이는?

처음부터 프레젠테이션 전체의 길이를 생각해 두자. 즉 얼마만큼의 시간 동안 설명할 것인가를 정하는 것이다. 프레젠테이션에는 이상적인 시간 길이가 존재한다. 만약 이보다 길어진다고 해도, 이상적인 시간을 알고 있는 경우엔 듣는 사람이 지루하지 않게 하는 방법을 연구할 수 있다.

시간을 결정하는 세 가지 포인트

시간을 결정할 때마다 고려해야 할 점은 세 가지이다.

우선 물리적인 제약이다. 발표 장소를 빌린 시간, 그리고 합동발표회 경우에는 자신에게 할당된 시간이 정해져 있다면 특별한 경우를 제외하고는 그 시간 안에 끝내야 한다. 물론 정해진 시간보다 짧게 하는 것은 가능하다.

다음으로 발표할 내용에 소요되는 시간이다. 자신이 말하고 싶은 바를 전달하는데 필요한 시간이 최소한 얼마인지 생각해 본다. 어렵고 복잡한 내용일수록 시간이 길어질 수밖에 없다.

이 두 가지의 경우는 어쩔 수 없는 제한 사항이므로, 가장 우선할 수밖에 없다. 다음에 설명하는 마지막 요소가 가장 중요한 시간의 조건이다.

효과적인 프레젠테이션 시간은?

다른 제약 조건들을 고려하지 않을 경우, 프레젠테이션 시간은 어느 정도가 적절한 것일까? 전문가로부터 취재를 통해 얻은 대답은 조금씩 차이가 있었다. 뒤에 소개할 게이오 대학慶應義塾大學의 사카키 히로부미榊博文 교수는 30분 정도면 집중할 수 있다고 대답했고, 와세다 대학早稻田大學의 야스자키 노리오保崎則雄 교수는 10분에서 15분 정도였다. 절제하는 방법과 말하는 법 등, 프레젠테이션 테크닉에 따라 많이 변하게 된다. 그러나 우리가 보통 생각하고 있던 시간보다 짧다는 것만은 틀림없다.

프레젠테이션에 자신이 있다면

프레젠테이션에 자신이 있는 베테랑이라면, 완성도 높은 스토리를 바탕으로 30~40분 정도를 집중력 있게 진행하는 것도 가능하다. 물론 가능한 한 짧게 끝낸다는 것을 전제로 한 후의 이야기이다.

초보자는?

프레젠테이션 초보자인데다 말하기에도 자신이 없다면 10분에서 15분 안에 끝내야 한다. 길어지면 그만큼 호소력 및 설득력이 떨어진다. 군더더기는 생략하고, 말하고 싶은 것만 짧은 시간에 적절하게 전달해야 한다.

프레젠테이션 시간 길이의 기준		
항목	길게	짧게
내용의 난이도	쉬움	난해
프레젠테이션 발표자의 스킬	베테랑	초보자
화술	능숙	서투름
내용이 참석자에게	이점이 있다	이점이 없다
프레젠테이션의 규모	대규모	소규모
내용의 신선함	이미 알고 있음	모름
내용의 이점	있음	없음
동영상과 음성	사용	사용하지 않음

현실적인 프레젠테이션 시간은?

이상과 현실은 다르다.

프레젠테이션의 베테랑이라면 30~40분, 초보자는 10~15분 정도가 가장 효과적인 프레젠테이션 시간이다. 그러나 효과적이라는 사실을 알고는 있지만, 10분은 너무 짧다고 대부분의 사람들은 생각한다. 청중들이 어렵게 참석했는데, 10분만에 프레젠테이션을 끝내는 건 내용에 대한 부족함뿐 아니라 성의 없는 발표라고 느낄 수도 있다.

현실성을 고려한 최적의 프레젠테이션 시간은 20~30분이라 생각한다. 프레젠테이션 시작 전의 인사말, 끝난 후의 질의 시간, 답례 인사 등을 전부 합하면 40~60분 정도로 늘일 수 있다. 이 정도면 지나치게 짧아서 실례될 일은 없다.

이상적인 시간을 산출했다면 다음은 내용을 연구해 보자. 이상적인 시간보다 길 경우 내용을 축약하고, 슬라이드에는 피로를 감소시키는 색 배합을 적절하게 사용하면 된다. 물론 농담 등을 서로 건네면서 분위기를 전환하여 보는 방법도 있다.

집중력이 지속되는 짧은 프레젠테이션일수록 슬라이드를 작성할 때 고민할 일이 많다는 점을 잊지 않도록 한다.

● 최적의 프레젠테이션 시간의 배정

프레젠테이션 시작	
인사말	2~3분
배경 설명	5~8분
핵심 내용	20분
질의 시간	10분
답례 인사와 덧붙이는 말	3~5분

Step 2

구성에 따라 격이 다른 설득력이 생긴다

길어봐야 1시간인 프레젠테이션이지만, 내용은 제대로 구성해야 한다. 단순한 순서 교환에도 듣는 사람을 피곤하게 하거나 헤매지 않게 하는 테크닉이 있다. 효과적인 구성으로 멋진 시나리오를 완성하자.

구성은 차트로 연구하자

적절한 내용을 생각하기 위해 순서를 차트로 연구한다. 순서 교환을 간단하게 할 수 있다는 것이 장점이다.

프레젠테이션의 구성에 무게를 두자

프레젠테이션 전체는 길어도, 실제로 슬라이드를 보는 시간은 고작 수 십분에 불과하다. 그러나 기획서 등과 달리 연출에 보다 신경을 쓸 필요가 있다. 종이에 인쇄한 문자를 읽는 기획서와는 다르게, 듣는 사람이 완전히 수동적이기 때문이다. 어디까지나 발표자의 리듬이나 속도로 정보를 받아들이는 것이다.

기획서에서는 강조하고 싶은 곳에 문자를 크게 하거나, 색을 바꾸거나, 그림을 넣는 등의 방법을 사용한다. 음성과 그래픽 이미지, 동영상을 자유롭게 사용할 수 있는 프레젠테이션에 비해 융통성이 떨어진다. 그래서 기획서는 그다지 많은 궁리를 할 필요가 없다.

프레젠테이션은 발표자가 자유롭게 연출할 수 있으며, 내용마다 요소를 추가할 수도 있다. 상품을 보다 좋게 보이게 하거나, 서비스를 매력적으로 제안할 수 있는 것이다. 이것이야말로 프레젠테이션 최대의 장점이라 본다.

한 시간이라는 제약이 있다면, 망설이지 말고 프레젠테이션을 추진하자. 기획서를 제출해서 설명하는 것보다 몇 배의 효과가 있다.

프레젠테이션에선 슬라이드의 개념이 중요

최근의 프레젠테이션은 거의 100% 파워포인트로 진행된다. 기본적으로 비주얼Visual 요소 형태의 정보 수단이라는 것을 염두에 두자. 예를 들어, 20분짜리 프레젠테이션이라면 5~15매 정도의 슬라이드를 보여주게 된다.

이 슬라이드라는 개념을 잘 이해해 두기 바란다. 슬라이드를 전환함으로써 설명을 절제하거나 다음 내용으로 전환할 수 있다.

총 10장의 슬라이드를 사용한다면, '처음 2장은 기획 취지에 할애하고, 다음 4장에는 중심 내용을 설명한다' 는 식의 구성을 생각할 수 있다. 역으로 '기획 취지에 2장, 기획 자체에 5장, 데이터에 4장이니까 전부 11장이군. 조금 긴 것 같은데…' 라는 식의 생각도 가능하다. 프레젠테이션 자료를 제작하는 데 있어서는, 슬라이드라는 컷 할당 개념이 상당히 중요하다.

기획서와 프레젠테이션의 차이

프레젠테이션은 기획서와 달리 슬라이드라는 형태로 내용을 확실히 단락 짓는다. 게다가 한 장에 담긴 정보량이 적다. 따라서 내용을 간단하게 절제할 수 있다. 기획서는 한 장의 종이에 담긴 정보량이 프레젠테이션 슬라이드보다 훨씬 많다. 한 장의 용지 안에서 어디쯤에다가 단락을 맺을지 상당히 고민이 된다.

슬라이드마다 담길 내용과 설명 시간을 자유롭게 설정할 수 있다는 점도 프레젠테이션이 편한 이유이다. 요컨대 중요한 슬라이드는 장시간에 걸쳐 설명하고, 그렇지 않은 슬라이드는 가볍게 넘길 수도 있다. 결국 슬라이드 장수와 중요도는 일치하지 않는다.

결론은 한 장에 한마디로도 OK

기획서의 경우, 말하고자 하는 부분을 큰 문자로 조목조목 작성하더라도 그것을 진지하게 읽어줄 것이라는 확신이 없다. 프레젠테이션의 경우에는 한 장의 슬라이드를 대담하게 이용할 수 있다. 사전 설명에서 길게 늘여 설명해 두고, 결론은 한 장의 슬라이드에 한마디로 끝내더라도 상관없는 것이다. 요즘 기획서의 표준은 A4 사이즈이지만, 내용의 밀도는 프레젠테이션의 수십 배에 달한다. 기획서에서는 한 장에 한마디라는 대담함을 구사할 수 없다.

그렇기 때문에 순서가 중요하다

프레젠테이션은 기획서에 비해 연출 요소가 현저하게 많다. 기획서에서는 설명을 거듭하여 결론을 이끌어 가는 것이 일반적이지만, 프레젠테이션에서는 처음부터 결론을 명시하고 다음 페이지부터 검증하는 방식도 가능하다.

효과적인 프레젠테이션을 수행하기 위해 내용의 순서를 생각하자.

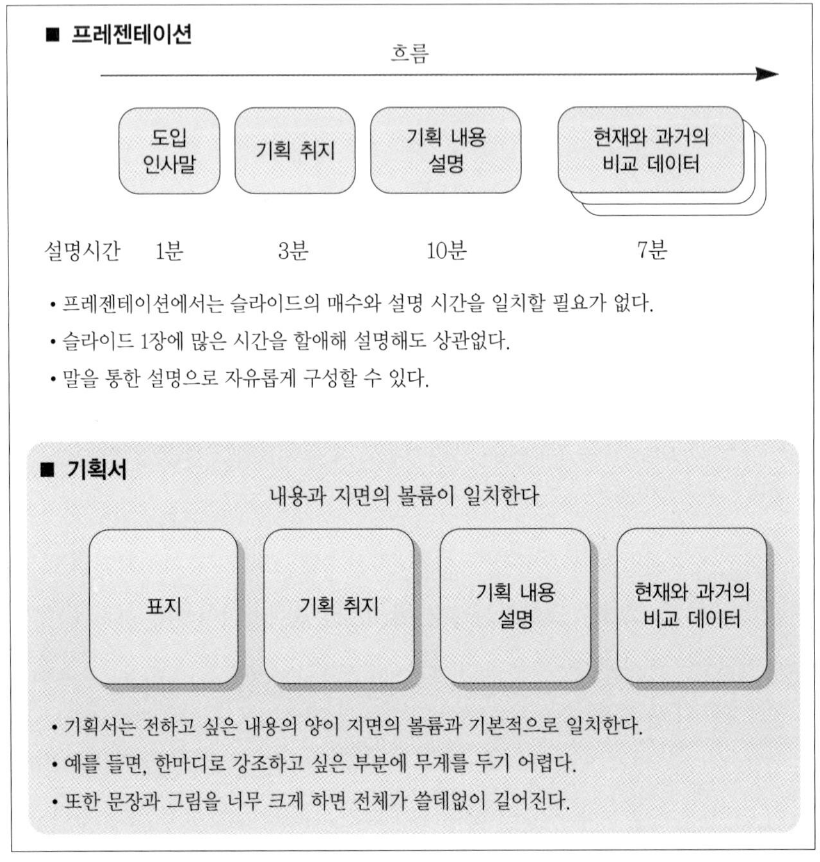

기획서와 프레젠테이션의 차이

차트로 순서를 생각하자

프레젠테이션의 순서는 차트로 구성하는 것이 최고다. 하나의 차트가 한 장의 슬라이드에 해당한다고 생각하면 이해하기 쉽다. 프레젠테이션의 구성은 일반적인 차트와는 달리 간단하다. 왜냐하면, 차트를 한 장씩 차례로 진행해

갈 뿐이기 때문이다.

혹시라도 비싼 플로우차트 소프트웨어를 구입하지 않도록 하자. 프로그램 개발과 건축 등에 사용하는 차트는 몇 개의 방향으로 나누어 진행하므로 전용 소프트웨어를 사용하지 않으면 제대로 구성할 수가 없다. 따라서, 단지 프레젠테이션의 구성을 위해 플로우차트 소프트웨어를 구입할 필요는 없다.

차트는 엑셀이 쓰기 쉽다

차트로 내용을 구성하기 위해 파워포인트를 사용하는 방법도 있다. 파워포인트 슬라이드는 자유롭게 순서를 바꿀 수 있기 때문이다. 그렇지만 아무리 유연성이 높다고 해서, 슬라이드 간의 연결을 무시하는 것은 좋은 결과를 주지 못한다. 계속 바꾸다 보면 나중에는 비논리적인 되는 경우가 많기 때문이다.

유연하게 사용할 수 있는 것은 엑셀이며, 그다지 어려운 점도 없다. 내용을 위에서부터 순차적으로 입력한 후에 드래그 기능을 이용하여 페이지를 교환하면 된다.

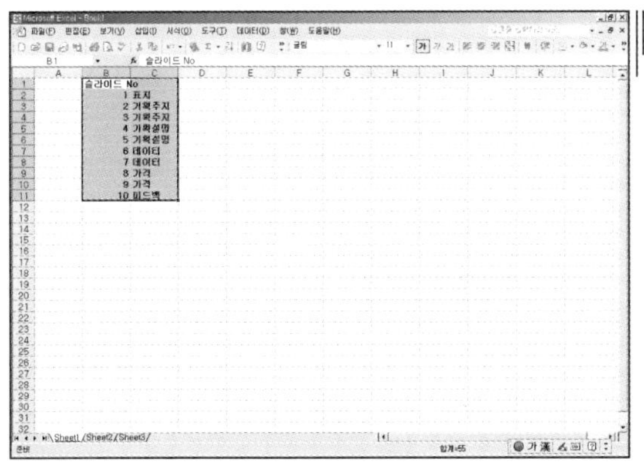

엑셀에서 시나리오를 생각한다. 우선은 필요한 슬라이드 수만큼 내용을 입력한다.

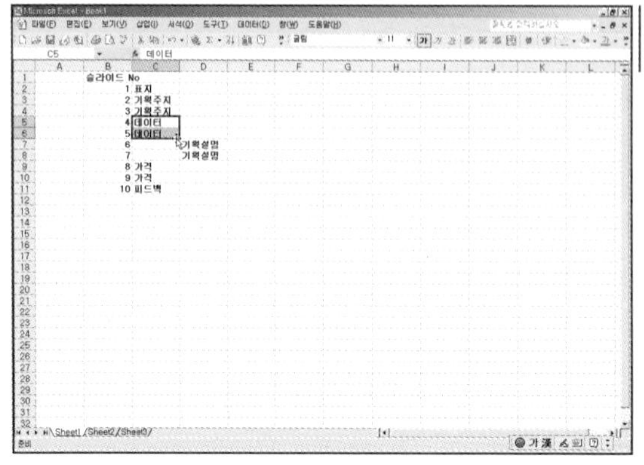

항목을 드래그하면 간단하게 움직일 수 있다.

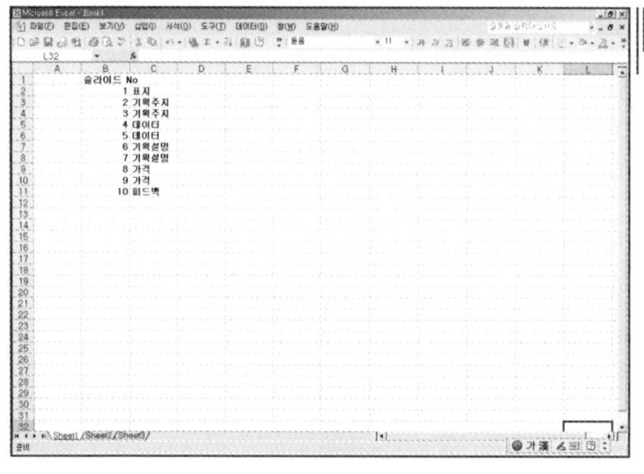

순서 교환 완료. 슬라이드 매수도 자유롭게 변경할 수 있다.

수작업으로도 차트를 정리할 수 있다

엑셀을 사용하여 차트를 만드는 작업이 귀찮다고 생각하는 사람도 많을 것이다. 또 여러 명의 스태프가 함께 차트를 보면서 연구하고 싶을 때는 화면이 너무 작다고 느낄 것이다. 많아야 20장 정도인 슬라이드의 구성을 생각하는 것이므로, 수작업으로도 충분히 할 수 있다.

포스트잇으로 차트를 정리

수작업으로 차트를 정리할 경우, 포스트잇을 사용하면 편리하다. 성냥갑 크기의 포스트잇을 구입해서 1매를 슬라이드 한 장이라 생각하고 내용을 기입한다. 책상 위나 리포트 용지 위 등에 붙여서 순서를 생각하자. 자유롭게 붙였다 뗐다 할 수 있으므로, 자유롭게 생각하면서 작업할 수 있다. 또한 매수의 증감도 손쉽게 처리할 수 있다.

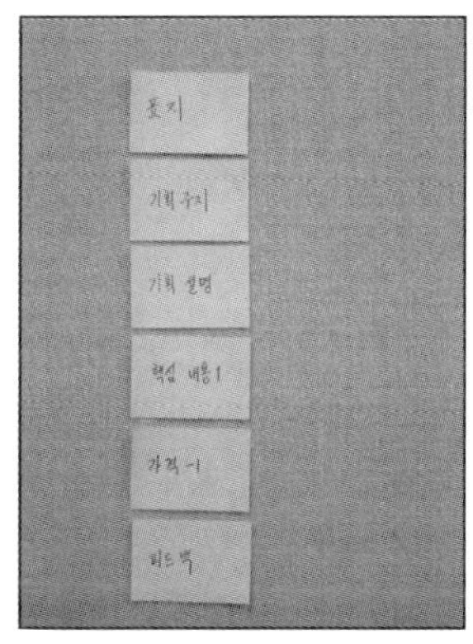

포스트잇으로 차트를 정리한다. 1매를 한 장의 슬라이드라 생각하자.

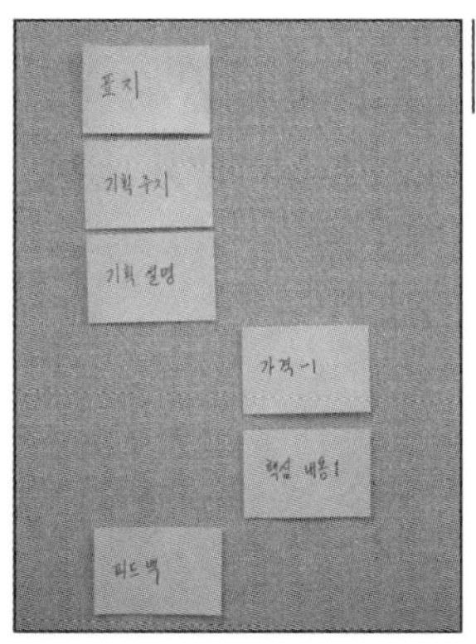

순서 교환이 손쉽다. 큰 책상에 붙이면 여러 명의 아이디어를 공유하면서 작업할 수 있다.

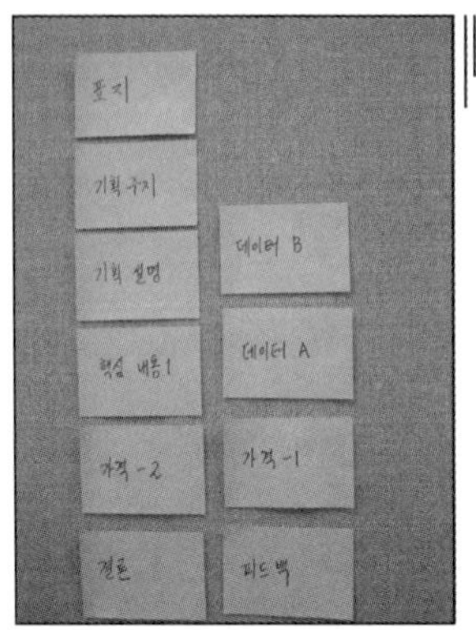

매수의 증감을 통해, 전체 구성과 적절한 슬라이드 수를 생각하면서 시행착오를 반복해 보자.

프레젠테이션의 일반적인 구성 요소를 알아두자

프레젠테이션의 일반적인 구성 요소, 즉 프레젠테이션의 패턴을 숙지하여 구성 및 제작에서의 고민을 없애자.

상품이나 서비스 설명

프레젠테이션은 상품이나 서비스에 대한 설명이 대부분이다. 예전에는 기획서로 했던 것들을 PC 사용의 보편화로 프레젠테이션으로 옮겨진 것이다.

프레젠테이션이든 기획서이든지 간에, 기본적으로 대부분 상대가 모르는 정보를 제시한다. 특히나 프레젠테이션은 상대가 모르는 것을 알기 쉽게 전하기 위해 존재한다고 해도 과언이 아니다.

기본적인 패턴

프레젠테이션의 기본 패턴은 아래의 표와 같다. 이 패턴을 이해해 두면, 첫 프레젠테이션에서도 큰 실수를 미연에 방지할 수 있다.

처음에는 '인사말'을 배치하는 것이 일반적이다. 필수적인 것은 아니므로, 사내에서의 프레젠테이션이라면 생략해도 상관없다.

'배경 설명'이란 기획이나 상품 개발의 배경을 제시하는 부분이다. 핵심 내용을 전개하기 전에 '어째서 이런 기획이나 상품을 생각하게 되었나'를 간단히 명시해 두는 것이다.

'핵심 내용'이란 프레젠테이션에서 가장 중심 부분이다. 자세한 내용은 뒤에서 설명한다.

'결론', 마지막으로 명확한 결론을 제시한다. 즉, 프레젠테이션 전체를 통해 말하고 싶은 것을 뜻한다. '핵심 내용' 안에서 결론을 언급해도 상관없으므로, 다소 중복되는 감이 있어도 확실한 결론으로 매듭짓도록 하자.

● 프레젠테이션의 기본적인 흐름

1	인사말	
2	배경 설명	기획이나 상품 개발의 의도
3	핵심 내용	과제제시형, 순차설명형, 결론선행형
4	결론	

프레젠테이션의 구성을 세 가지 패턴으로 분류한다

중요한 것은 가능한 한 짧은 시간에 상대를 설득하는 것이다. 이를 위해 어떤 내용 구성이 최선인지 생각해 보자.

패턴을 세 가지로 나눈다

'핵심 내용'을 세 가지 패턴으로 분류해 보자. 프레젠테이션의 구성 및 제작에 익숙해지기까지는, 우선 이들 패턴 중에서 선택해서 사용하자.

1. 과제제시형課題提示型

가장 자주 사용하는 방법이며, 또한 논지를 전개하기 쉬운 것이 과제제시형이다. 처음에 현재의 문제점을 제시하고, 이에 대한 해결 방안을 설명해 간다. 예를 들면, '현재 있는 상품의 약점을 제시한 후, 이를 해결한 신상품을 개발했다'라는 식의 전개이다. 획기적인 내용의 신상품을 개발한 경우에도, 기본적으로는 현재의 문제점을 개선한 것이다. 거기서부터 이야기를 전개하자.

이 방법은 현재의 상품에 불만을 가지고 있는 사람일수록 설득력이 높다. 바꾸어 말하자면, 처음에 제시한 문제점을 '문제점이라 생각하지 않는' 사람에게는 역효과라는 점에 주의해야 한다.

과제제시형은 프레젠테이션 전체에서 말하고 싶은 부분의 비율이 적을 경우에 큰 효과를 볼 수 있다.

현재의 자동차는 낭비가 많다

◆ 혼자 타고 있을 때의 공간 낭비

◆ 주차 시에 장소를 차지한다.

◆ 속도를 내지 않을 때의 출력 낭비

처음에 현재의 문제점을 제시한다.

세 가지의 낭비를 '전기자동차'가 해결합니다

◆ 기본적으로 1인 승차이므로 낭비가 없다.

◆ 주차 시에도 승용차와 동일한 공간밖에 차지하지 않는다.

◆ 근거리 외출용으로 사용하기 위한 차이며, 속도도 딱 좋은 15Km/h 정도밖에 나오지 않는다.

새롭게 개발한 상품이나 서비스로 그 문제를 해소할 수 있다.

2. 순차설명형順次說明型

순서에 따라 설명하는 방법이다. 학술 세미나나 연구발표회 등에서 결론에 도달하기까지 걸리는 시간이 긴 경우에 이 방법을 선택하면 된다.

특히, 제시하고 싶은 포인트가 세 가지를 넘을 경우에 유효하다. 또한 포인트를 나열이 아닌 순서에 따라 설명해야만 할 경우에도 이 방법으로 구성해야 한다.

아래와 같이 순서에 따라 설명한다.

■ New '슬림형' 서브 노트북 탄생

◆ 슬림형이므로 가방에 넣기가 좋다.

■ New '슬림형' 서브 노트북 탄생

◆ 슬림형을 실현하기 위해 새로운 액정을 채택했습니다.

■ New '슬림형' 서브 노트북 탄생

◆ 새로운 액정에 의한 경량화 실현, 결과적으로 배터리를 크게 만들 수 있었습니다.

■ **New '슬림형' 서브 노트북 탄생**

◆ 지금까지 고가의 옵션 품목이었던,
보조 배터리도 필요 없게 되었습니다.

3. 결론선행형結論先行型

처음에 결론을 제시하는 가장 자극적인 방법의 구성이다. 하지만, 결론 자체에 상당한 매력이 없으면 역효과가 난다. 게다가 알기 쉬운 결론이어야 한다. 만약 결론에 매력이 없다면 첫번째 장에서 프레젠테이션의 실패가 확정되고 만다. 그만큼 위험 부담이 크다고 할 수 있다.

예를 들면, 앞에서 다룬 '순차설명형'에서는 '노트북의 얇은 두께'에 대한 사례를 들었다. 그러나 노트북이 얇으면 좋다는 것은 PC에 대한 지식이 없는 사람이라면 이해하지 못한다. 그렇기 때문에 처음부터 구체적인 얇기를 명시해도 효과가 약한 것이다.

이에 비해, '100만원 대의 노트북 발표' 등 누구라도 충분히 알 수 있는 결론을 우선 제시하면, 결론선행형의 위력이 나타난다.

처음에 효과적인 결론을 제시한다.

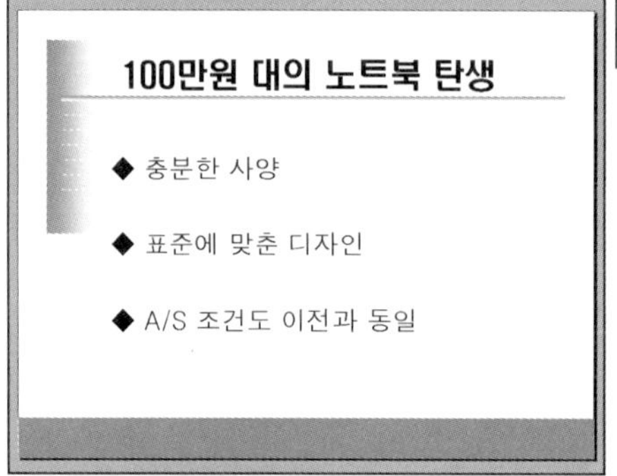

결론이 강렬할수록 '정말인가?' 라는 의문이 생기기 마련. 따라서 결론을 뒷받침하는 설명을 덧붙인다.

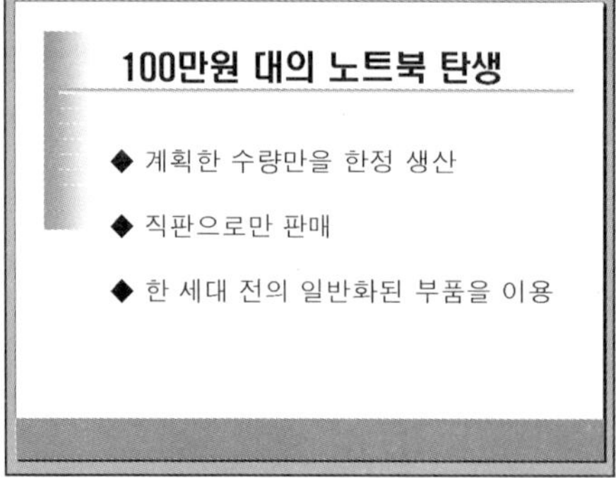

품고 있는 의문점을 모두 해소하고, 상대가 고개를 끄덕일 수 있다면 대성공이다.

···› 20페이지 참조(화보)

기승전결을 고려한다

상대를 지루하지 않게 하기 위해 분위기 고조점을 어디에 설정할 것인가 생각해 보자.

기승전결의 위치는?

기본은 기승전결이다. 사전에서 찾아보면 다음과 같은 의미가 있다.

'기승전결'은 한시에서 절구絶句를 구성하는 각 구의 명칭. 기구에서 시상詩想을 일으키고, 승구에서 그것을 이어받아 발전시키며, 전구에서는 장면과 사상을 새롭게 전환시키고, 결구는 전체를 묶어서 여운餘韻과 여정餘情이 깃들도록 끝맺는 것이다.

기승전결은 프레젠테이션의 경우에도 유효한 구성 방법 중 하나라고 할 수 있지만, 그렇게까지 신경쓸 필요는 없다.

신경 쓸 부분은 분위기 고조점의 위치만으로 충분하다.

구성의 순서는 앞에서 설명한 바와 같이 3개의 패턴으로 나누는 것이 최선이지만, 이 중에서도 절제가 있는 설명을 염두에 두지 않으면 듣는 쪽이 지루함을 느끼게 된다. 분위기 고조점의 위치를 어디에 설정할 것인가에 신경 써야 한다.

최선은 처음과 끝, 그리고 반복

분위기 고조점은 이야기의 처음과 끝에 설정해야 한다. 처음에 위력적인 내용으로 끌어들이고, 마지막 끝맺음에 다시금 강조하는 것이다. 단, 전체가 길면 도중에 느슨해져 버린다. 그래서 프레젠테이션 전체를 몇 개의 파트로 나눈 다음, 각각 처음과 끝에 분위기 고조점을 설정하는 것이 바람직하다.

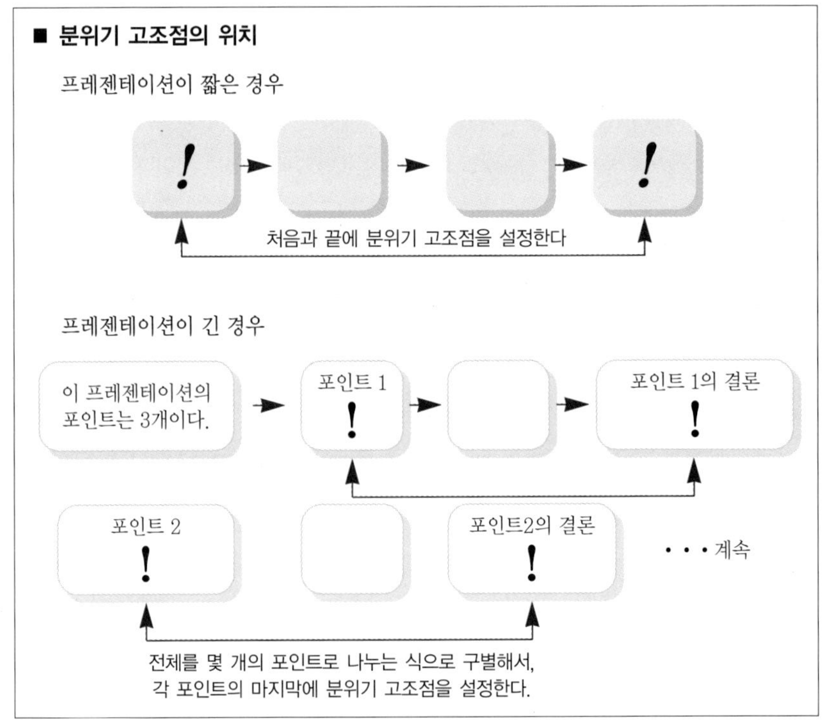

결론 제시 방법 취재

'프레젠테이션에 있어서의 교섭과 커뮤니케이션에 대하여' 게이오 대학 사카키 히로부미 교수를 찾아가 취재를 했다. 더불어, 사카키 교수의 저서를 인용하는 것도 흔쾌히 허락받았다. 먼저 사카키 교수의 저서를 통해 어떻게 제시하는 것이 가장 효과적인가에 대해 소개한다.

Profile : 사카키 히로부미榊博文

게이오 대학慶應義塾大學 문학부 교수. 게이오 대학원 사회연구과社會硏究科 교수. 사회학 박사. 게이오 고등학교, 게이오 대학 경제학부를 거쳐 동 대학원 사회학 박사 과정 수료. 주로 효과적인 설득 전략 및 효과적인 보급 전략에 관한 연구에 종사. 『설득과 영향 - 교섭을 위한 사회심리학』(브레인 출판사), 『일본열도 컬트 오염 - 권유와 설득의 사회심리학』(브레인 출판사) 등, 저서와 논문, 조사보고서 등 약 170편 발표.

Q | 많은 사람들 앞에서 말을 잘 할 수 있는 비법이 있습니까?

당연한 말입니다만 연습밖에 없습니다. 몇 번이고 연습해서 텍스트를 보지 않고도 말할 수 있을 정도가 되는 것이 중요하죠. 말문이 막히는 이유는 결국 '말하는 데 익숙하지 못하다'는 불안감 때문입니다.

Q | 듣는 사람의 태도를 통해 프레젠테이션의 성공 여부를 판단할 수 있습니까?

얼굴 표정이나 태도입니다. 이쪽을 바라보는 눈이 빛나고 있으면 성공이지만, 아래를 향하고 있거나 졸고 있으면 실패죠.

Q | 연습이 지나쳐서 기계적으로 진행되는 경우가 있습니까?

열심히 연습해서 기계적으로 되어버리는 것과 어물거리면서도 필사적으로 진행하는 것 중 후자쪽이 바람직합니다. 그러나 연습은 반드시 해야 합니다. 자신감을 불어넣기 위해 연습을 하되, 어느 정도 절제도 해야 합니다.

Q | 프레젠테이션의 마지막에 질문을 받습니다만, 부끄러워서 손을 잘 들질 않습니다.

정말로 질문이 없는 것인지 아니면 부끄러워서 손을 못 드는 것인지는 질문자를 지명해 보면 알 수 있습니다. 많은 사람이 듣고 있다면, 눈이 마주친 사람을 지명해 보면 알 수 있습니다.

Q | 한번에 주목할 만한 키워드는 있습니까?

예를 들자면, 몇 개의 연속적인 프레젠테이션에 모두 지쳐 있을 때, '행복' 또는 '행운' 이라는 키워드를 사용하면 좋겠죠. '돈이 된다' 라는 것도 좋습니다. 상대의 관심을 끄는 점을 강조하는 것입니다만, 누구라도 콤플렉스를 가지고 있는 '다이어트' 등도 좋겠죠.

Q | 관객이 지쳤다는 것을 무엇으로 판단할 수 있습니까?

보통 책상에 엎드려 있거나, 창 밖을 바라보거나 합니다.

Q | 지루하지 않게 하기 위해서는?

항상 빠른 템포로 화제를 바꿔가며 진행하는 것이지요. 30분이라면 집중할 수 있다고 생각합니다. 이론적인 이야기뿐만 아니라 구체적인 예를 섞어주고, 상대가 학생일 경우 연애담 등을 꺼내면 활기를 띠기 시작합니다.

Q | 농담을 섞어주는 것이 좋습니까?

통하지 않아도 하는 것이 좋지요. 마음속으로는 통할지도 모르고, 어쨌든 기분전환은 됩니다.

Q | 예를 들어 그냥 '저렴하다' 라는 말로는 설득력이 없습니까?

직접적으로 '이것은 저렴합니다' 라는 식은 의외로 설득력이 없을지도 모릅니다. '오늘만 저렴하게 드립니다' 또는 '회사의 창립기념일이니까 저렴하게 드립니다' 등 부가가치를 덧붙이는 편이 좋습니다.

Q | 숫자를 포함하는 편이 좋습니까?

물론입니다. 말로는 이해하기 어려워도 데이터를 제시하면 이해하기 쉽습니다. 설득 내용의 신뢰성이 상승합니다. 그래프 등의 데이터도 좋겠지요.

Q | 대본은 확실하게 만드는 편이 좋습니까?

대략적인 포인트만 적어두고 애드립으로 말하는 것도 나쁘지는 않습니다. 그러나 완벽한 대본을 써두고, '이 부분에서는 이득이라고 강조하자, 이 부분에서는 싸다고 하자' 라고 생각해 두는 것은 중요합니다. 제 경우도 기회를 봐서 메모를 해 둡니다. '이 항목은 이렇게 말하자' 라는 식으로 말이죠.

Q | 설득력을 향상시키기 위한 말하기 연습을 구체적으로는?

자신의 방에서 실제로 목소리를 내서 하는 것이죠. 강변 등도 괜찮겠군요. 저는 차 안에서 연습할 때도 있습니다. 한 시간 정도 운전할 경우엔 충분히 연습이 됩니다.

Q | 대본은 완전히 암기합니까?

암기합니다. 머리 안에 그려넣습니다. 그리고 예정에 없던 질문을 받았을 때는, 자신 있는 화제나 관심 있는 것들을 이야기합니다. 그리고 이 이야기를 원래의 화제와 연결시켜 가면 의외로 매끄럽게 진행됩니다.

사카키 교수의 저서『설득과 영향 – 교섭을 위한 사회심리학』을 참고하여, 프레젠테이션에 도움이 되는 결론 제시 방법의 개념을 몇 가지 소개한다.

결론 명시와 결론 보류

상대가 취할 만한 의견과 행동을 이쪽에서 결론으로 제시하던가, 상대가 자연스럽게 결론을 내리는 것을 기다리기 위해 보류하던가 하는 선택의 개념이다. 물론 프레젠테이션에서도 구성 및 제작 단계에서 골머리를 썩이는 부분이다.

결론을 명시하면 억지가 되어버릴 가능성이 있고, 역으로 보류하면 논지가 애매하게 될 약점이 있다. 3개의 패턴으로 분류해서 생각하는 방법을 참고하기 바란다.

상대의 지적 수준이 높을 때는 보류, 낮을 때는 명시한다

프레젠테이션의 경우에는 지적 수준이라기보다 내용에 대한 지식이라 바꿔 생각하면 된다. 상품이나 서비스에 정통한 상대에게 프레젠테이션을 한다면 보류하는 편이 효과적이다.

설득적 의논이 난해한 내용을 포함하고 있을 때는 명시, 그렇지 않으면 보류

프레젠테이션에도 그대로 활용할 수 있는 진리다. 즉, 난해한 설명을 할 때는 '그래서 OX인 겁니다'라고 마지막에 확실한 결론을 제시하는 편이 좋다. 역으로 간단하고 알기 쉬운 설명이라면 구태여 결론을 명시하지 않아도 듣는 사람 대부분이 고개를 끄덕인다.

듣는 쪽에 스스로 결론을 도출하게 하려는 동기를 부여했을 때는 보류하고 상대에게 맡긴다

프레젠테이션의 경우에는 '결론은 여러분이 생각해 주십시오'라는 식으로 명확하게 말하는 것이 효과적이다. 동기부여 자체도 발표자 자신이 실행해야 하기 때문에, 프레젠테이션에의 응용을 고려한다면 상당한 테크닉이 필요하다.

강력한 논제는 어디에 두어야 하는가?

설득을 통해 어떤 견해를 성립할 경우에는, 가장 강력한 논제를 처음에 둘 것인가 마지막에 둘 것인가를 연구해야 한다. 마지막에 두는 것을 '친근효과'라 부르고, 처음에 두는 것을 '초두효과'라고 한다.

이 개념은 프레젠테이션에도 상당한 참고가 된다.

저서에 따르면, 청중의 관심도가 낮은 경우에는, 우선 가장 강력하고 매력적인 논의를 처음에 제시해서 관심을 불러 일으키는 '초두효과'를 노리는 것이 적절하다고 한다. 역으로, 관심이 높을 때는 논의를 미뤄두어도 청중의 관심도가 충분히 지속된다. 그리고 가장 마지막에 강력한 논제를 제안해서 동의하게 만드는 '친근효과' 쪽이 깊은 인상을 준다고 한다.

그리고 강력한 논제를 중간에 배치하는 '피라미드형'은 '친근효과'와 '초두효과' 중 어느 쪽과 비교해도 열세이기 때문에, 프레젠테이션의 시나리오 제작에 있어서는 절대로 피해야 한다.

장점, 단점을 모두 전해야 하는가?

단면 제시와 양면 제시의 사용 구분에 관한 연구도 흥미롭다. 프레젠테이션 구성 및 제작의 측면에서 생각하면 단면 제시란 장점만을 전하는 것이다. 양면 제시는 장점과 단점을 전하는 것이다.

어느 쪽이 바람직할까? 사카키 교수의 저서에는 경우에 따라 달라지는 각각의 우위성이 알기 쉬운 표로 정리되어 있으므로, 이를 인용하기로 한다.

● 단면 제시가 효과적인 경우와 양면 제시가 효과적인 경우

	단면 제시가 효과적인 경우	양면 제시가 효과적인 경우
상대편의 교육 정도	낮다	높다
설득적 논제에의 정통성	낮다	높다
설득적 논제의 복잡성	낮다	높다
설득적 논제의 당연성	높다	낮다
상대편의 첫 입장	찬성	반대
역설득 가능성	없다	있다

능숙한 구성 및 제작법

프레젠테이션의 구성 및 제작에 관해 정리해 두기로 하자.

우선은 아이디어를 정리하는 것부터 시작한다. 아이디어가 떠오르지 않는다면, 소재를 긁어 모으는 것부터 해도 된다. 자세한 내용은 32페이지에서 소개한 그대로이다. 골자가 되는 아이디어를 정한 다음에는 구성 및 제작에 착수하자.

구성이 고민된다면, 일단은 기본 요소를 적용해 보자. 인사말, 배경 설명, 핵심 내용, 결론으로 나눌 수 없는 프레젠테이션은 거의 없다.

핵심 내용이 중심이지만, 60페이지의 정형화된 세가지 패턴 중 한 가지를 적용하는 것이 확실하다.

이로써 기본적인 구성은 거의 완성될 것이다. 프레젠테이션 초보자의 경우, 설득 효과를 생각해서 변칙적으로 구성하면 실패하기 쉽다. 우선은 무난함을 최우선으로 해야 한다.

그리고 베테랑인 사람과 프레젠테이션 경험이 풍부한 사람의 경우, 후반에 기술한 사카키 교수의 취재와 관련 정보를 탐독하면 구성 및 제작에 있어서 도움이 될 아이디어를 발견할 수 있다.

제 2 장

프레젠테이션 데이터를 만들자

Step 1

파워포인트의 올바른 사용법

파워포인트는 생각보다 손쉽게 사용할 수 있는 소프트웨어다. 이 책을 통해 유용하게 사용할 수 있는 몇 가지 포인트를 소개하는데, 확실히 자기 것으로 만들기 바란다.

지금은 파워포인트가 표준이다

프레젠테이션뿐만 아니라 기획서 제작에도 자주 사용하는 파워포인트. 이 표준 소프트웨어의 바람직한 활용방안은?

파워포인트를 통한 프레젠테이션이 표준

파워포인트를 통한 프레젠테이션이 표준이라는 것은 말할 필요도 없다. 예전에는 로터스가 출시한 라이벌 격의 소프트웨어Lotus Freelance가 있었지만, 지금은 그 라이벌조차 존재하지 않는다. 프레젠테이션이라 하면 파워포인트 작업을 지칭하는 것이라 생각해도 무방하다.

파워포인트의 이용 현황

한 기업체의 기획부와 일을 할 때, 간단한 자료까지 파워포인트 파일로 제출하도록 요청 받았다.

그들은 워드프로세서를 일절 사용하지 않고, 자료라는 자료는 모두 파워포인트로 만들어 사용하고 있었다. 간단한 텍스트 파일로 끝날 서류도 파워포인트로 제작하고 있었다.

또다른 업체의 기획 담당자들도 '응용프로그램은 파워포인트밖에 사용하지 않는다' 라고 말하는 사람들이 많아졌다.

파워포인트의 구입

회사에서 사용하는 PC에 파워포인트가 설치되어 있지 않다면, 즉시 품의서를 작성하자. 업무의 도구로써 당연히 사용해야 하는 것이므로, 회사에 사용환경이 갖추어져 있지 않다면 상식밖이라고 봐야 한다.

집에서 작업을 해 할 경우에는 어떻게 해야 할까? 일반적으로 구입하는 오피스XP 장착(내장) PC에는 파워포인트가 들어있지 않다. 소프트웨어 판매점에서 판매하는 오피스XP에는 몇 개의 패키지가 있는데, 오피스XP Personal에는 파워포인트가 들어있지 않다. '오피스XP Standard' 이상의 패키지가 되어야 파워포인트가 들어있으므로, 구입시 주의하기 바란다.

오피스XP가 들어있지 않은 PC를 구입해서 오피스XP Standard 이상의 패키지를 구입하는 방법도 있지만, 가격이 부담될 것이다. 하지만 이후의 버전은 업그레이드 가격으로 구입할 수 있게 되므로, 꼭 나쁜 선택만은 아니다. 또한 PC에 포함된 오피스XP는 저렴하지만, PC 본체를 바꾸게 되면 사용할 수 없게 되는 것이 일반적이다.

참고) 파워포인트를 이용하여 그림이나 도표가 많이 들어가는 비주얼한 슬라이드를 작성하려면 컴퓨터의 사양이 좋은 것이 낫지만, 컴퓨터 하드웨어의 성능이 좀 떨어진다고 해서 좋은 슬라이드를 작성하는데 큰 장애는 사실 없다.

오피스XP Standard 패키지

디자인 서식을 마스터하자

파워포인트를 손쉽게 사용하기 위해서는 서식을 마스터하는 것이 필수적이다. 간단한 작업으로 보기 좋은 프레젠테이션 자료를 완성하자.

서식을 마스터하기 위한 사고방식

파워포인트에는 보기 좋은 디자인을 적용한 서식들이 들어 있다. 하지만 설정할 수 있는 것은 전체적인 디자인 이미지이고, 구체적인 디자인 그 자체는 아니다. 슬라이드 한 장의 디자인은 서식에 레이아웃과 배색기능을 조합해서 결정하는 것이다.

또한 수동으로 하나씩 자신이 지정해가는 것도 가능하므로, 초보자의 경우에는 어떻게 이용하는지 알 수가 없다. 우선은 파워포인트 작업의 난이도를 이해해 두자.

만족도	난이도	작업시간	작업내용	작업수준
낮음	낮음	짧다	내용구성 마법사로 만든다	처음에는 이 방법으로 OK
중간	중간	중간	서식, 레이아웃, 배색 등을 조합해서 만든다.	빨리 숙달해서 이 작업이 가능하게 되길 바란다.
높음	높음	길다	자신이 배색과 디자인을 모두 직접 만든다.	작업 시간을 고려할 때, 어지간히 세심한 사람이 아니라면 피하는 것이 좋다.

서식을 기본으로 색과 요소를 변경한다

이 책은 설득력 있는 프레젠테이션 자료를 만들기 위해, 배색과 요소의 배치 등을 중요시 한다. 가급적 작업 시간을 줄여주는 서식을 사용하고, 자유자재로 변경해서 사용할 수 있기를 바란다.

여기서는 색과 요소의 변경 방법에 관한 포인트를 정리해서 설명한다. 단, 구체적인 서식과 레이아웃의 선택법에 관해서는 뒤에 서술하겠다.

서식을 바꾼다

우선은 수많은 서식 중에서 자신이 사용하고 싶은 것, 그리고 생각하던 이미지에 적합한 디자인을 찾아 사용하는 방법을 설명한다. 여기서 주의할 점은, 간단할 것 같다고 해서 내용구성 마법사를 사용하지 말라는 것이다. 확실히 작업은 간편하지만, 틀에 박힌 듯한 면이 많아서 생각하던 이미지대로 슬라이드를 만들 수 없다.

이제부터 등장하는 화면은 최신 버전인 파워포인트2002지만, 다른 버전에서도 기능상에 큰 차이는 없으므로 참고로 하기 바란다.

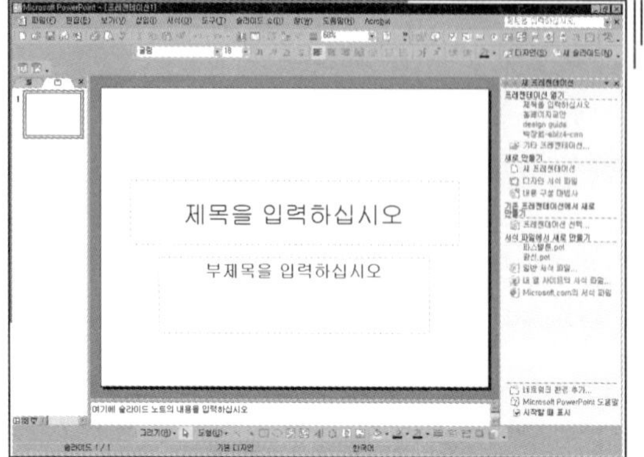

파워포인트를 실행하면 이 화면이 나온다. 우측 작업창에서 서식을 선택한다.

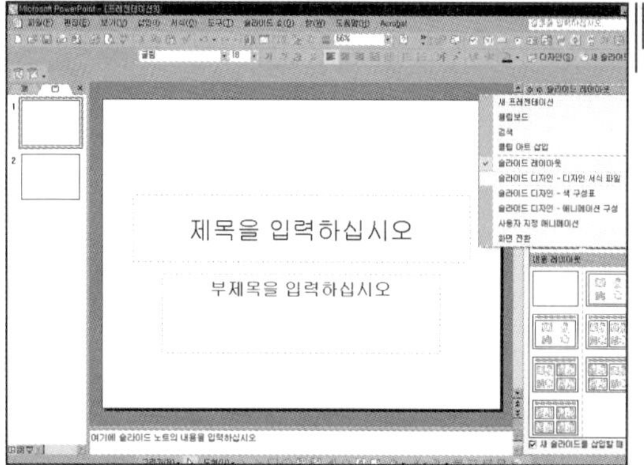

[슬라이드 디자인-디자인 서식 파일]을 선택한다.

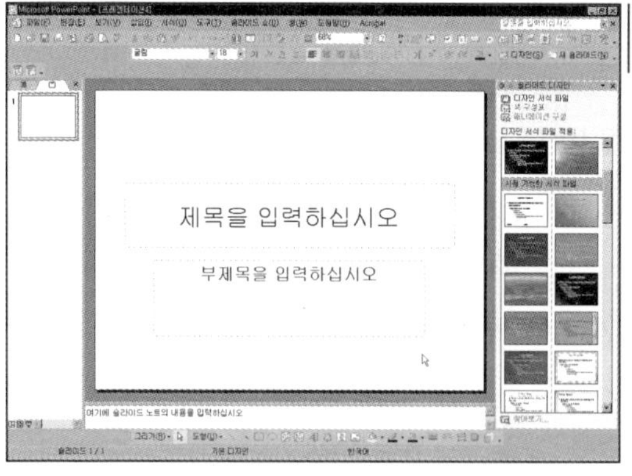

우측 작업창의 서식 샘플 중, 사용하고 싶은 디자인을 선택한다. 이 단계의 서식은 어디까지나 디자인의 선택 사항이라 생각하자.

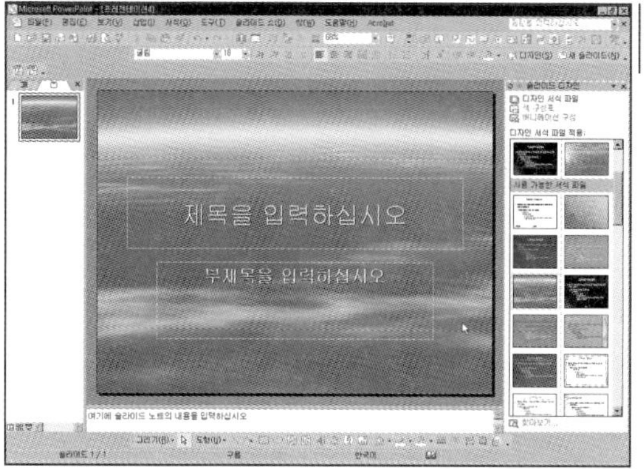

디자인이 적용되었다. 간단하게 한번에 변경된다. 또한 가운데 작업창에서 오른쪽 마우스 버튼을 누른 다음 [배경]을 클릭하면 전체의 이미지 컬러를 변경할 수 있다.

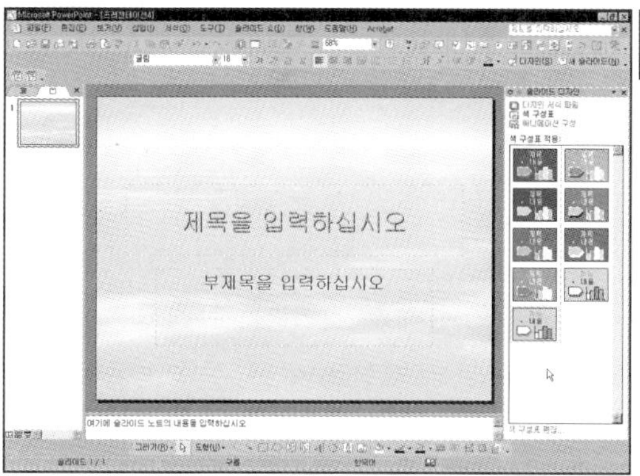

그 중에 마음에 드는 색 구성이 없다면 우측 작업창의 [색 구성표] 버튼을 클릭하면 보다 자유롭게 변경할 수 있다.

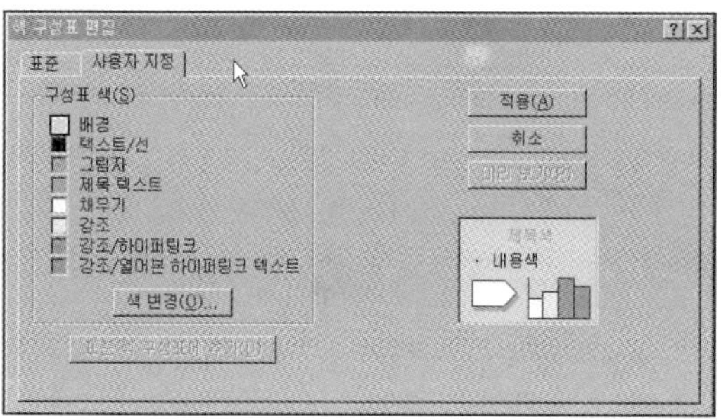

그래도 원하는 색이 없을 경우에는 우측 작업창 아래쪽의 [색 구성표 편집] 버튼을 클릭하면 다음과 같은 대화창이 뜬다.
손대자면 끝이 없지만, 생각하던 대로의 배색이 될 때까지 조절한다.

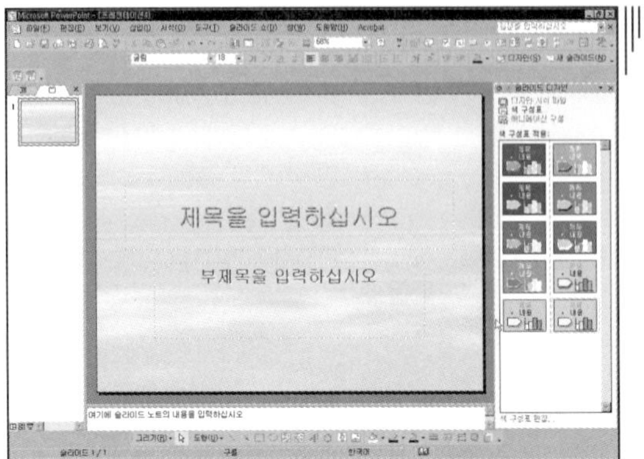

슬라이드의 배경이 변했다.

레이아웃을 변경한다

슬라이드 한 장 안에는 다양한 요소를 삽입하게 되므로, 레이아웃이 중요하다. 문자만으로 구성된 심플한 디자인이 있는가 하면, 문자와 시각 자료를 조합하는 경우도 많다. 그래프나 일러스트, 사진을 넣는 것이 보통이지만, 최근에는 애니메이션을 삽입하는 경우도 늘고 있다. 물론 문자만인 경우에도 타이틀과 본문, 복수의 컬럼 등 다양한 레이아웃을 생각할 수 있다.

레이아웃을 변경하기 위해서는 그래픽 소프트웨어처럼 마우스로 드래그하면 되지만, 일일이 지정하는 것은 귀찮기도 하고, 감각이 부족하면 생각하던 대로 되지 않는다. 그래서 사용하는 기능이 레이아웃 기능이다. 서식 기능과 동일하게 샘플 중에서 선택하여 적용할 수 있어서 상당히 간단하다. 단, 구성 요소를 삽입한 뒤에 변경하려면 제대로 적용되지 않기 때문에, 우선 레이아웃을 결정한 다음에 내용을 삽입하는 것이 바람직하다.

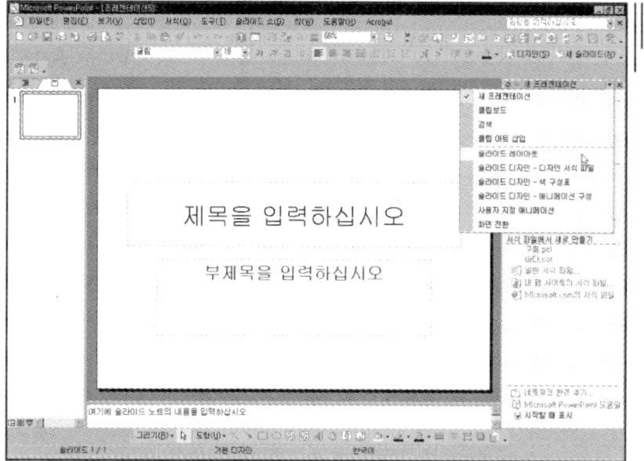

레이아웃을 변경하기 위해서는 우측 작업창에서 [슬라이드 레이아웃]을 선택한다.

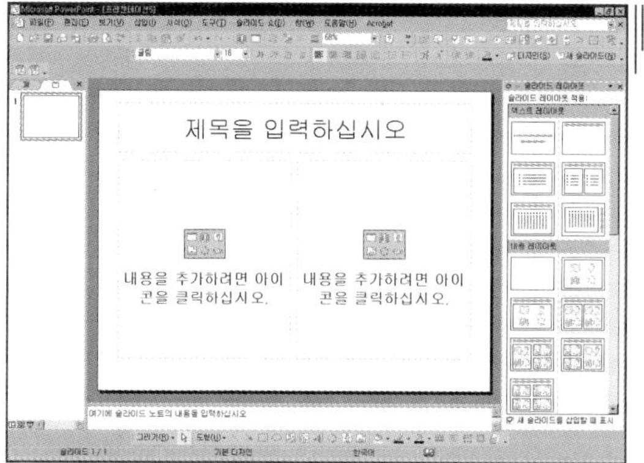

텍스트와 내용 등 각종 컨텐트 배치에 적당한 레이아웃이 표시되므로, 자신이 필요로 하는 것을 선택한다.

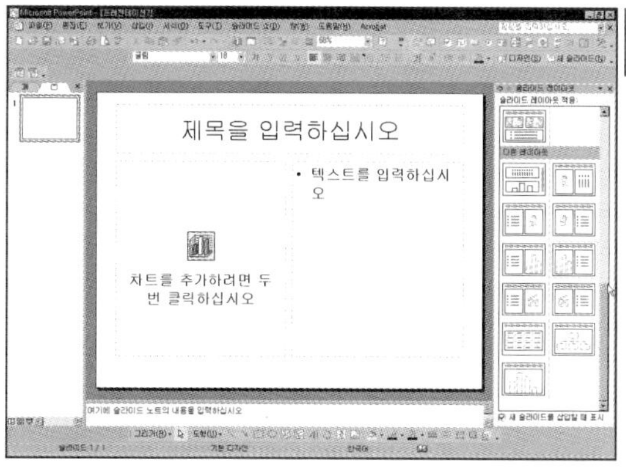

예를 들면, 그래프의 경우는 가운데 작업창 안의 아이콘을 클릭하면 표 계산 소프트웨어 등의 기능으로 그래프를 만들 수 있다.

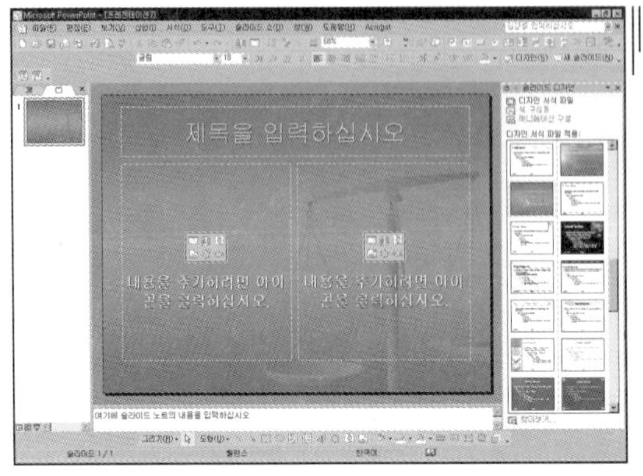

당연히 디자인 서식과 조합해서 사용할 수 있다.

내용구성 마법사를 권하지 않는 이유

처음 프레젠테이션 데이터를 제작할 때는 아주 손쉬운 내용구성 마법사가 매력적으로 느껴질 것이다. 화면에 표시되는 메시지를 따라 설정해 가는 것만으로 프레젠테이션의 골자가 완성된다.

그러나 초보자가 처음에 이용하는 경우라도, 마법사는 그다지 추천하고 싶지 않다. 왜냐하면, 데이터가 너무 쉽게 완성되어버려 나중에 변경하기가 쉽지 않기 때문이다. 게다가 내용구성 마법사로 완성한 데이터는 대부분 페이지 수가 너무 많다.

프레젠테이션은 짧고 간결한 것이 효과적이라고 생각하는 것이 이 책의 기본 원칙이다. 처음부터 긴 프레젠테이션 규격을 적용하면, 어떻게 해서든 이 규격을 다 채워야 한다는 생각을 갖게 된다. 필요 이상으로 길게 하는 것은 무의미하다.

하지만 몇 단계의 순서를 따르는 것만으로 디자인과 레이아웃에서 내용 구성까지 완성함으로, 자신의 필요에 적합한지 아닌지를 판단할 수 있게 된 다음에 다시 한번 사용해 볼 것을 권한다.

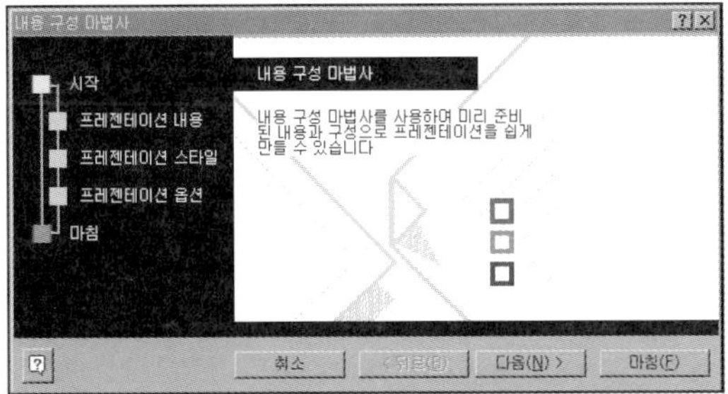

내용구성 마법사는 이 대화상자와 같이, 질문에 대답하는 형태로 작업을 진행하는 것만으로 프레젠테이션 자료의 골자와 디자인, 레이아웃을 완성한다.

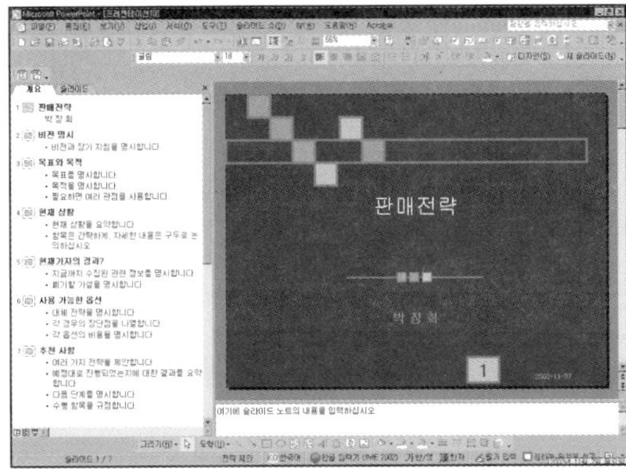

5분도 채 걸리지 않고 빨리 완성되어 편리하다고 생각할지는 모르지만 지나치게 획일화된 듯한 약점이 있다.

스스로 디자인 서식을 만들자

프레젠테이션 자료를 만들 기회가 많다면, 한번 제작한 데이터를 여러 번 재사용한 기억이 있을 것이다. 데이터의 대부분을 재사용한다면, 완성한 파일을 불러와서 약간의 수정을 가하는 것으로 끝난다. 그러나 레이아웃이나 기본적인 디자인만 재사용하고 싶은 경우엔, 재사용할 데이터를 서식으로 만들어 두면 된다.

특히 회사의 로고마크를 삽입한 심플한 서식은 꼭 만들어두기 바란다. 어떤 경우에도 유용하게 사용할 수 있으며, 단순하기 때문에 응용하기도 좋다. 필요할 때 처음부터 만들고자 생각한다면 시간이 많이 소요되므로, 여유가 있을 때 만들어 두자.

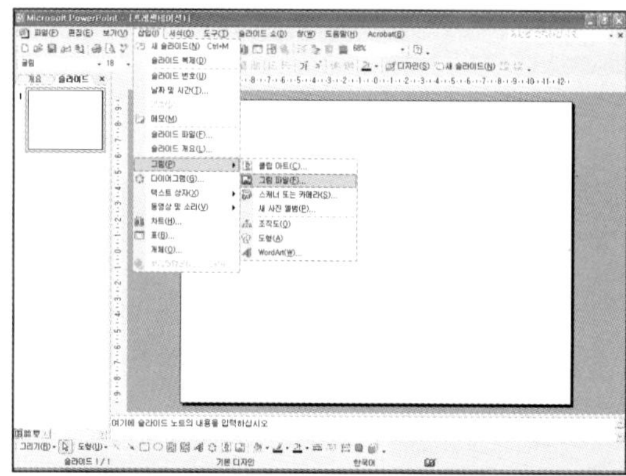

새로운 슬라이드를 연 다음 [삽입-그림-그림파일]의 순서로 실행한다.

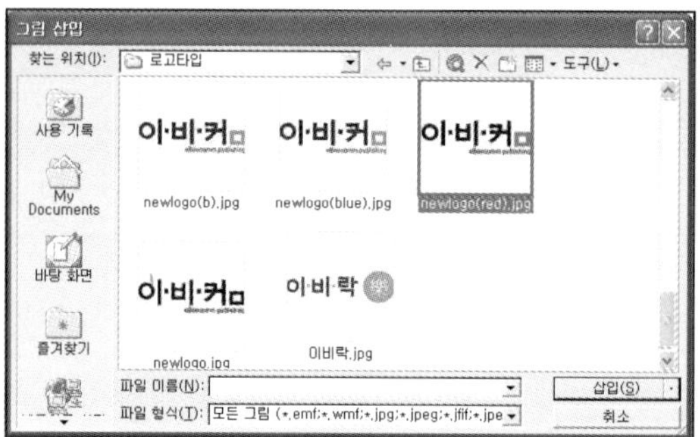

대화상자가 열리면 저장해 둔 회사의 로고마크를 찾아 지정한 후 삽입 버튼을 누른다.

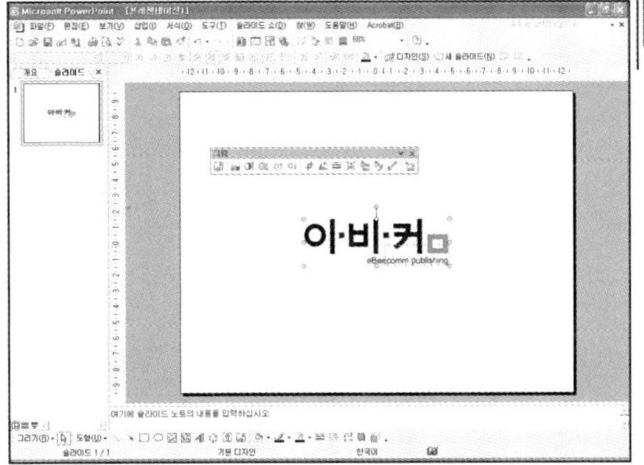

로고마크 붙여넣기가 끝난 다음 드래그해서 크기를 조정하면 작업 완료다.

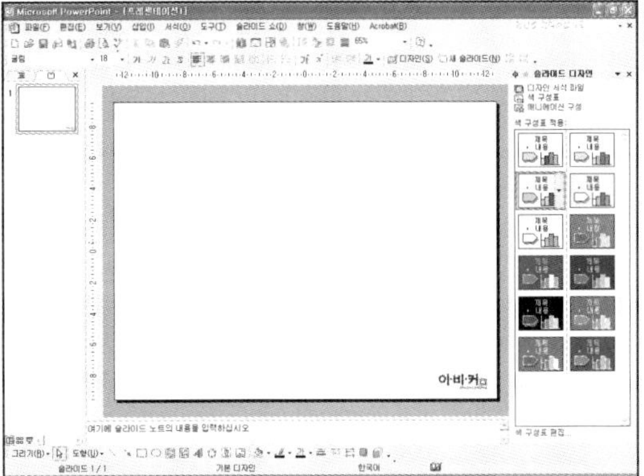

지금까지 설명한 디자인 서식 마스터하기의 기본을 이해하고 있다면, 배색의 변경 정도는 간단한 일이다.

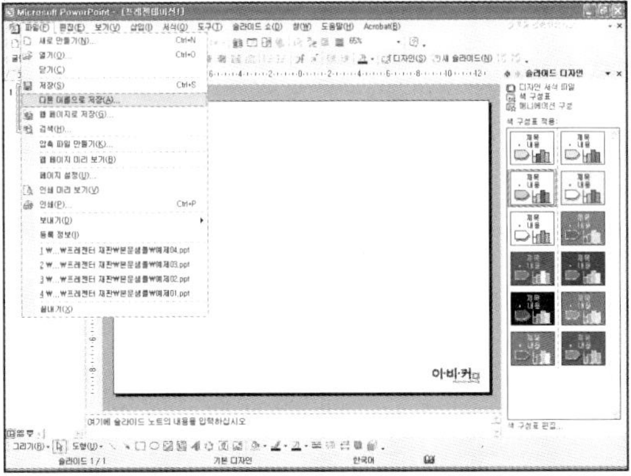

서식이 완성되면 [파일–다른 이름으로 저장]을 실행한다.

저장 시에는 파일 형식을 디자인 서식(*.pot)으로 한다.

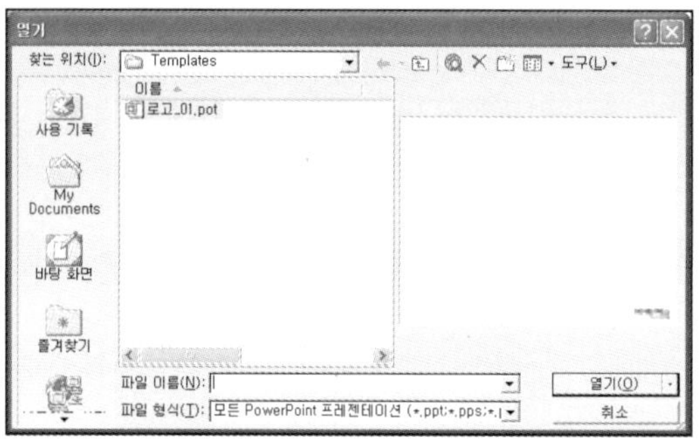

저장한 디자인 서식을 여는 순서는 일반적인 파일과 동일하다. 참고로 저장해 둔 폴더의 위치는 확실히 알아두자.

디자인 서식 이용시의 주의

디자인 서식은 어디까지나 견본일 뿐이라는 점을 잊지 말아야 한다. 불러온 디자인 서식을 기본으로 파일을 만든 경우, 파일명을 붙여서 저장하면 디자인 서식은 그대로이고 작성한 파일만을 저장할 수 있다.

디자인 서식을 디자인 서식 형식의 파일(*.pot)로 저장하는 것은 디자인 서식 그 자체를 다시 제작하는 경우뿐이다.

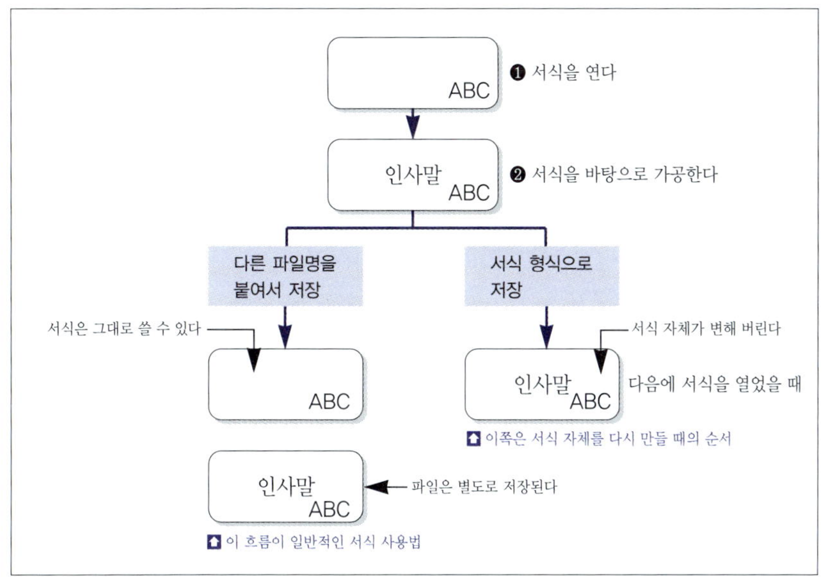

| Tip & Tip |

잘 만들어진 디자인 서식 파일(*.pot)을 활용하자

잘 디자인된 파워포인트 파일을 다자인 서식 파일로 저장하여 활용하는 것도 재미있는 방법이다. 파워포인트에 기본값으로 내장된 디자인 서식 파일들은 정형화된 느낌 때문인지 실제 프레젠테이션 작업에서는 잘 이용하지 않는 경향이 있다. 이럴 때 잘 디자인된 디자인 서식을 [다른 이름으로 저장]하여 파일 형식을 "디자인 서식 파일(*.pot)"로 저장해두자. 그리고 [새로 만들기] 창을 열고 [슬라이드 디자인 서식]에서 "찾아보기"로 저장해둔 디자인 서식 파일(***.pot)파일을 불러오면 새로운 디자인 서식 파일이 새 파워포인트 문서에 서식만 적용된다.

Step 2

설득력 있는 슬라이드 제작

슬라이드를 제작하기 위한 '방정식'을 소개한다. 슬라이드 한 장에 몇 개의 구성 요소를 넣을 수 있는가, 색은?, 문자 수는? 지금까지 고민거리였던 슬라이드 작성 지식의 결정판이다.

구성 요소는 몇 가지를 사용해야 하는가?

슬라이드 한 장에는 몇 가지의 구성 요소를 넣으면 될 것인가? 사람이 파악하기 쉬운 구성 요소의 수에 대해 생각해 보자.

최적의 구성 요소 개수

우선 슬라이드 한 장에 몇 개의 구성 요소를 넣는 것이 최선인지를 생각해 보자. 단, 이 단계에서는 가독성과 레이아웃에 대해서는 그다지 고려하지 않기로 한다. 복잡한 그림이라면 구성 요소의 수를 생각하기 이전에 그것 하나밖에 들어가지 않을 것이다.

여기서 말하는 구성 요소란 문자만이 아니라, 그래프나 그림의 경우도 포함한다. 즉 모든 개체를 지칭하는 것이라 생각하면 된다.

마법의 7(The Magical Number Seven)

224페이지에 소개하는 야스자키 노리오保崎則雄 교수에게 취재를 부탁했을 때, 모든 정보는 세 가지 이내로 제한하는 것이 좋다는 말을 들었다. 이것은 '마법의 7' The Magical number seven; George A. Miller이라는 이론을 기초로 한 것으로, 심리학의 실험 결과에 근거한 것이다.

간단히 설명하자면, 인간은 사물을 판단하는데 3개까지는 문제없지만 4개를 넘으면 혼란을 일으키기 시작하고, 식별 가능한 한계는 6개까지라고 한다. 즉, 7개째는 없는 것이다. 예로 들 수 있는 것이 음音으로, '고' '저' 두 가지의 음을 들려주면 '처음은 높고 다음은 낮다' 라고 간단히 판단할 수 있다. '고' '중' '저' 의 세 가지라도 대부분의 사람은 틀리지 않는다. 그러나 네 종류의 음이 되면 점차 혼란을 일으키기 시작하고, 다섯 종류가 되면 상당히 어려워진다. 일곱 가지에서는 판단이 불가능하게 되는 것이다.

'마법의 7' 은 물론 눈으로 보는 비주얼에 관해서도 적용된다. 즉 프레젠테이션의 구성 요소에도 충분히 적용될 수 있는 것이다.

단순히 생각한다면 구성 요소는 3개

여하튼 심리학적인 근거도 있으니까, 기본적으로 구성 요소는 3개까지라고 생각하자. 상품의 특징 등도 세 가지 포인트 이내로 정리한다는 전제를 두기로 한다. 단, 모두가 세 가지 포인트 이내로 딱 떨어지는 것도 아니므로 좀더 유연하게도 생각해 보는 것도 좋다.

눈에 보이지 않는 부분은 가능한 한 작게

예를 들어, 첫 슬라이드 한 장에다가 포인트를 제시한 다음 각 포인트에 대해 설명하는 방식일 경우, 처음 제시한 포인트를 계속 염두에 두고 설명을 듣게 하려면, 역시 3개가 한계일 것이다. 이 경우에서는 개수가 적을수록 바람직하다.

역으로, 한 장의 슬라이드 안에 완결해서 포인트와 차트 등을 제시하는 경우는 항상 눈으로 보고 확인할 수 있으므로, 3개 이내로 제한할 필요는 없다. '마법의 7' 이론에서 한계로 제시한 6개까지 사용해도 좋을 것이다.

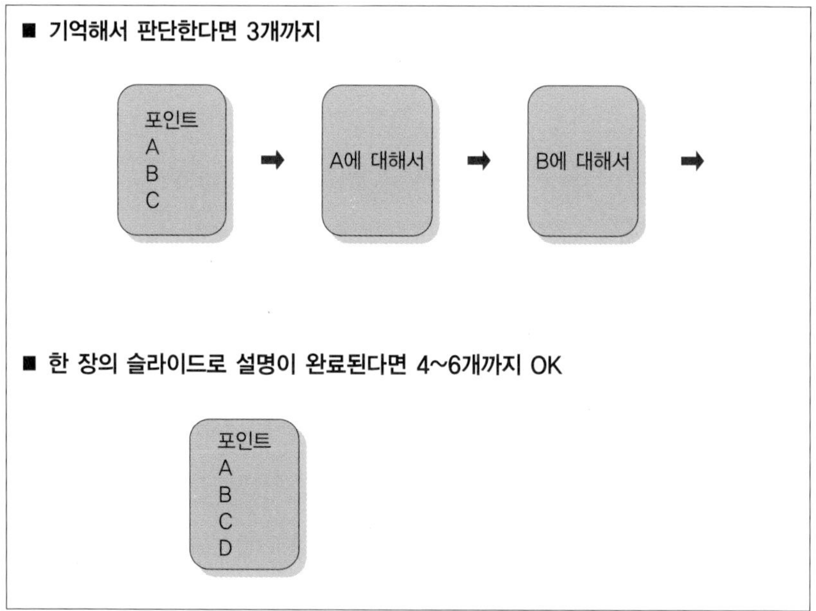

모든 구성 요소를 3개로 하자

무엇인가를 비교하기 위한 데이터일 경우, 3개로 한다는 이론을 망설임 없이 수긍할 수 있다. 그러나 프레젠테이션의 특성을 생각한다면, 슬라이드의 구성 요소 역시 3개 이내로 결정한다고 생각하는 편이 좋다.

예를 들면, 타이틀과 설명문과 그래프를 3개의 구성 요소라고 생각해 보자. 이것은 '마법의 7'에서 제시한 사례와는 전혀 관계없지만, 보통 프레젠테이션 자료를 만들게 되면 3개 정도로 구성하는 경우가 많다는 점을 상기하라. 프레젠테이션은 슬라이드 한 장 단위로 내용을 구분한다. 기획서 등과는 달리 문자를 크게 할 필요가 있기 때문에, 기입할 수 있는 문자나 구성 요소의 수도 적어진다. 3개를 넘는다면 별도의 슬라이드 사용을 고려하는 것이 바람직하다.

파워포인트의 레이아웃도 대부분 3개 항목 이내로 되어 있다.

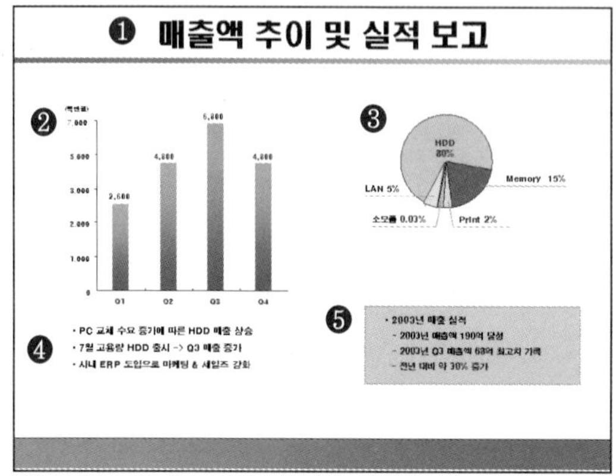

타이틀을 포함해서 5개의 요소로 구성된 슬라이드. 구성 요소가 충실해서 잘 만들어진 것 같이 보이지만, 실제로 설명을 듣는 입장이 되면 이해하기 어렵다.

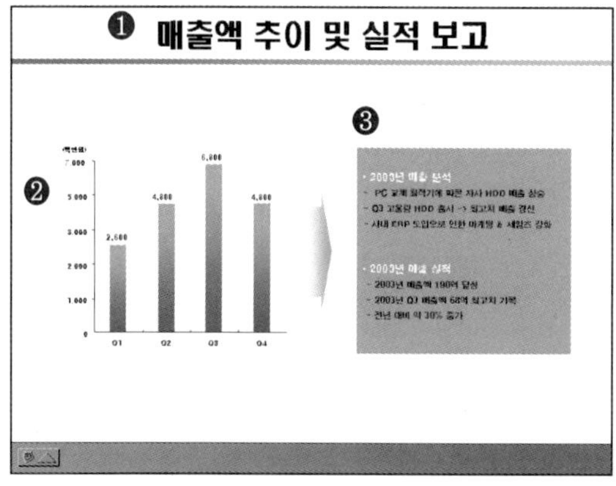

구성 요소를 3개로 압축한 슬라이드. 인쇄한 것을 보면 허전하게 느껴지지만, 실제로 프레젠테이션에 이용하면 이해하기 쉽고 설명의 양이 적당하다.

⋯▸ 24페이지 참조(화보)

구성 요소를 줄이는 요령

예를 들어, 상품의 우수성을 강조하고 싶다고 하자. 우수한 점이 5개나 6개씩 떠오를 것이다. 수없이 강조하고 싶은 심정은 이해하지만 남용은 금물이다. 많은 장점을 전달해도 결과적으로 사람들이 그 사실을 이해하지 못한다면, 장점을 압축해서 적절하게 어필하는 것이 올바른 선택이다.

그래서 구성 요소를 이상적인 개수로 줄이는 방법을 소개하기로 한다.

단순한 일이지만, 슬라이드를 나눠버리면 되는 것이다. 예를 들어, 6개의 구성 요소가 있다면 내용을 잘 구분해서 3개씩 두 장의 슬라이드로 나누자.

조금만 생각해 보면 또다른 방법 하나가 떠오를 것이다. 그것은 6개의 구성 요소를 최대한 압축해서 3개로 정리해 버리는 방법이다. 슬라이드 매수를 절약할 수 있으므로 언뜻 이상적이라 생각할 수 있겠지만, 사실상 한 장의 슬라이드에서 전하고자 하는 양은 조금도 줄지 않게 되므로 의미가 없다. 부각시킬 포인트 등은 한마디로 축약해서 정해두자.

신기종 에어컨의 특징

- 70만원 대로 저렴하다.
- 월 평균 14,000원의 경제적인 유지비
- 센서를 통해 방 안 구석까지 시원하게 냉방
- 국내 환경에 적합한 강력한 제습 기능
- 설치 비용 저렴
- 공기 청정 기능 추가

6개의 구성 요소를 전달해야 하는 프레젠테이션 자료. 6개를 모두 전달하지 않으면, 신제품의 장점을 어필할 수 없다.

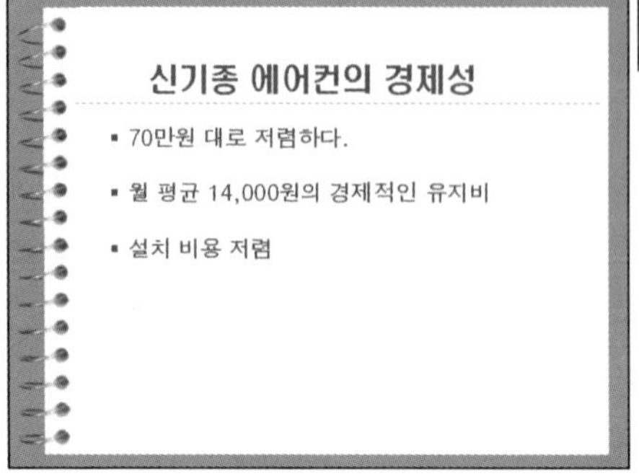

구성 요소를 비용면과 기능면으로 나눠서 2장의 슬라이드로 제작했다. 이쪽은 비용면. 이제는 훨씬 알기 쉬워졌다.

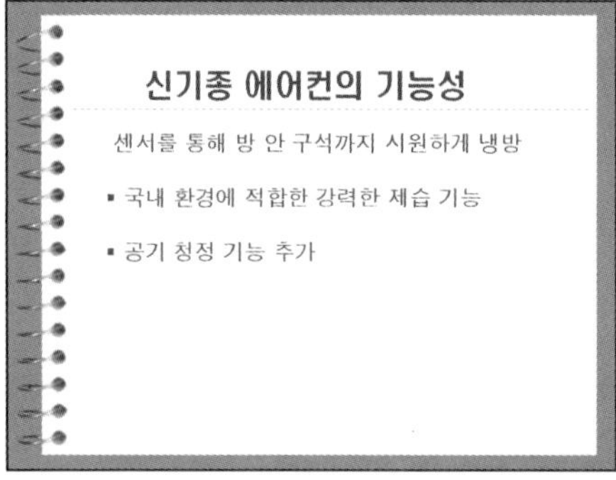

두 개의 슬라이드로 구분한 것 중 기능적인 측면을 고려한 슬라이드. 훨씬 알기가 쉽다.

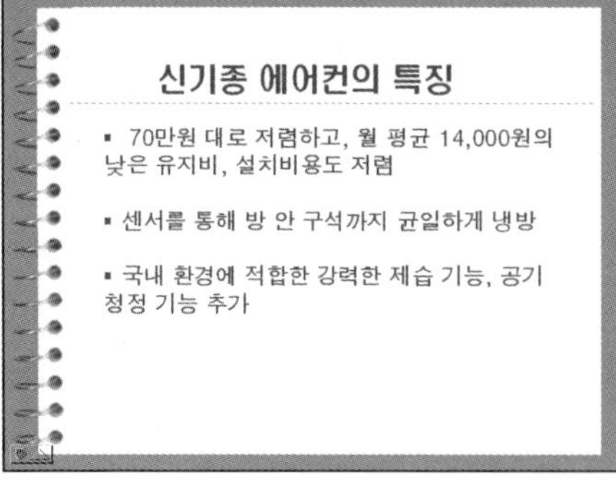

6개의 구성 요소를 억지로 압축해서 3개의 구성 요소로 만들어도, 결국 내용이 혼합되어 이해하기 어렵다는 점엔 변함없다.

···▸ 26페이지 참조(화보)

이 외에도 구성 요소를 압축하는 몇 가지 방법을 소개한다.

우선 슬라이드 한 장에 3개 이상은 넣지 않겠다고 마음먹는 것이다. 이 마음가짐만으로도 상당히 압축할 수 있다. 어떻게 해서든 제시하고 싶은 사항이 있다면, 사양서 등 첨부자료를 배포하면 된다.

또한 프레젠테이션으로 모든 것을 전달하려 하지 말아야 한다. 중요한 사항, 상대를 설득하기 위해 필수적인 사항만을 압축해서 전달하도록 하자.

그래프와 표를 함께 구성하는 경우가 많이 있다. 공간이 있다면 상관없지만, 구성 요소를 압축하는 데는 장애가 된다. 기본적으로는 그래프를 활용하자. 눈에 잘 띄지않는 숫자만으로 구성할 경우엔, 그래프만으로도 표와 거의 동등한 수준의 정보를 전달할 수 있다.

비주얼을 과감히 삭제하자

취재할 때 여러 방면으로 조사했지만 의견이 분분해서 결론이 나지 않았던 부분인데, 배경에 사용되는 이미지 같은 일러스트도 하나의 구성 요소로 생각하는 편이 좋을 것이다.

예를 들면, 파워포인트의 디자인 서식에는 밸런스가 있다. 배경 속에 시계가 흐릿하게 처리되어 있지만, 시계라는 것은 알 수 있다. 그렇다면 '무슨 그림일까' 하고 화면의 그 부분에 주목하게 된다. 이것은 취재할 때 모든 교수들이 공통적으로 지적한 부분인데다가 비주얼은 문자보다 먼저 눈에 띄는 게 보통이다. 배경 때문에 일시적으로 주역이 바뀌게 될지도 모르는 것이다.

또한 복잡한 부분을 설명하고 있을 때에는 시선을 돌리게 하는 요소가 되는

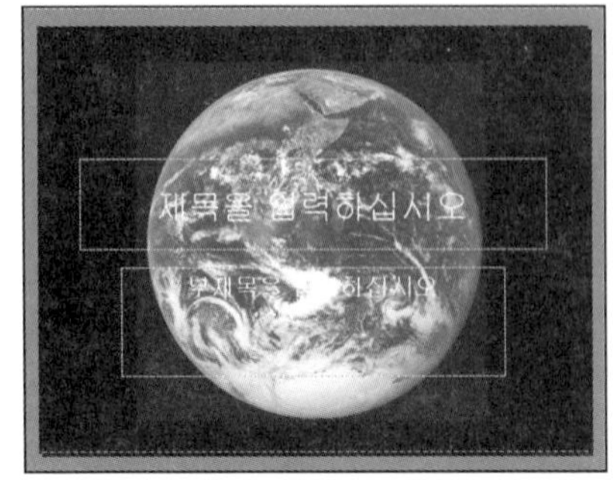

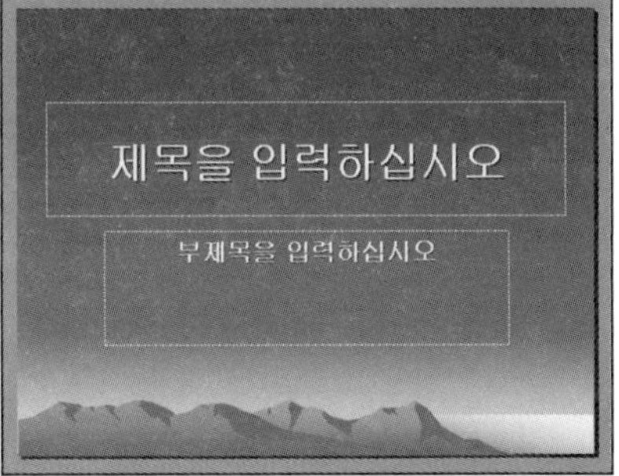

시선을 빼앗는 디자인 서식의 예. 무늬가 확실할 수록 시선이 그쪽으로 향해 버린다.

…› 13페이지 참조(화보)

경우도 많다. 복잡한 설명에서 시선을 돌리게 하여 시계에 몰입한다면 곤란한 일이다.

배경으로 사용한다면 어떤 그림인지 판별이 되지않는 흐릿한 일러스트가 좋을 것이다. 조금이라도 더 어필하고 싶은 심정은 이해하지만, 상품의 사진을 배경으로 계속 사용하는 것도 때로는 역효과가 될 수 있다.

그래프 작성 요령

프레젠테이션에서는 그래프도 중요한 구성 요소의 하나이다. 보기 좋고 이해하기 쉬운 그래프를 만든다는 그 자체가, 프레젠테이션의 성공에 있어서 중요한 열쇠이다.

그래프 사용법에 익숙하자

우선 그래프의 종류에 따라 적절한 사용법을 익혀 두자. 각각의 그래프에는 용도에 따른 역할이 있다.

그래프의 용도를 오인하게 되면 데이터를 올바르게 비교할 수 없게 된다. 역할이 맞지 않은 그래프의 사용은 오히려 웃음거리가 된다.

그래프의 종류	특징	용도	참고 유형
꺾은선형	시간의 경과에 따른 수치의 추이를 나타낸다	매월 매출 변화, 시간당 고객 수	표면형 영역형
막대형	수치의 상하를 비교하기 쉽다	영업소별 매상차, 상품의 유지비 비교	3차원 막대형
원형	면으로 분담률을 비교하는데 좋다	상품의 과점율 비교, 제품을 구성하는 각 파트의 비용 표시도넛형	도넛형
분산형	산발적인 데이터의 경향을 나타낸다	고객의 중심적인 소비경향을 찾는다	
방사형	몇 개의 수치를 비교해서 종합적인 우열을 판단한다	차의 성능 비교, 상품의 구입 동기비교	

파워포인트의 그래프 기능

파워포인트는 상당히 편리한 그래프 작성 기능을 보유하고 있어서, 엑셀과 거의 비슷한 느낌으로 사용할 수 있다. 역으로 지나치게 기능이 많아서, 하고 싶은 작업을 어느 메뉴의 기능으로 해야 할지 갈피를 잡지 못하는 사람도 많다. 이 책에서는 수치를 통한 설득력 향상의 포인트가 되는 부분을 소개한다.

보기 쉬운 그래프란

프레젠테이션에 사용할 것을 고려한다면, 그래프 역시 구성 요소가 적을수록 보기 쉽다. 예를 들어, 막대그래프(즉 비교를 위한 구성 요소)는 3~5개 적당하다.

또한 숫자의 차이가 너무 적으면, 일부를 생략해서라도 차이가 생기도록 보여줘야 한다. 그래프에서 동일한 부분의 수치를 생략하기 위해서는 눈금의 최저치를 변경하면 된다. 익숙해지면 1분도 걸리지 않고 끝낼 수 있는 간단한 작업이다.

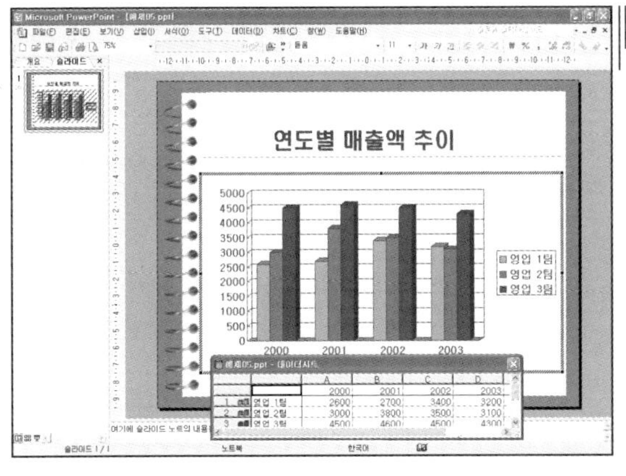

그다지 차이가 없는 막대그래프

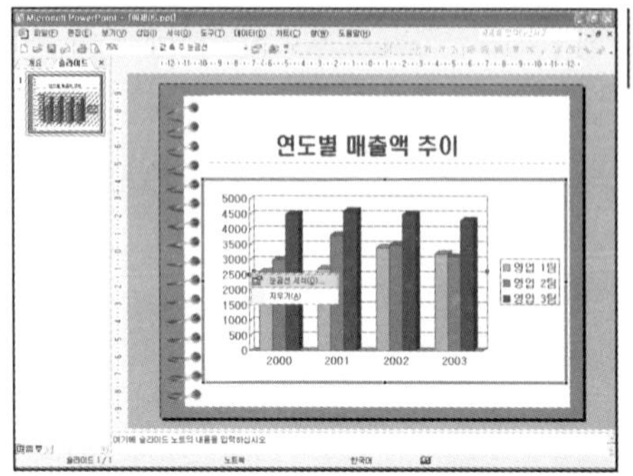

그래프의 좌측 끝에 있는 축 부분을 마우스 오른쪽 버튼으로 클릭한다. [축 서식]을 실행하자.

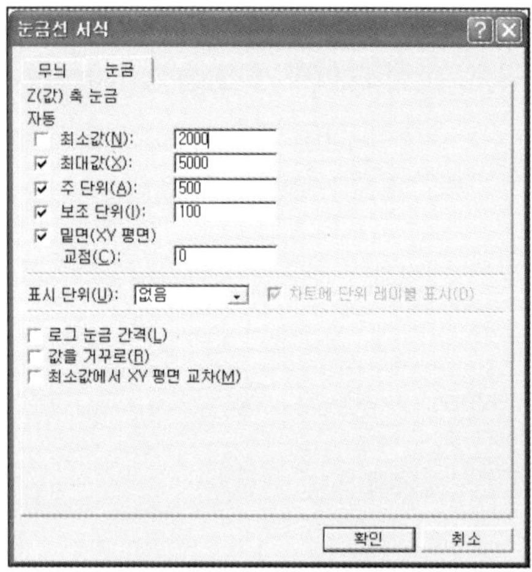

최소치의 수치를 각 그래프가 공통적으로 초과하고 있는 최저라인에 맞추면 된다.

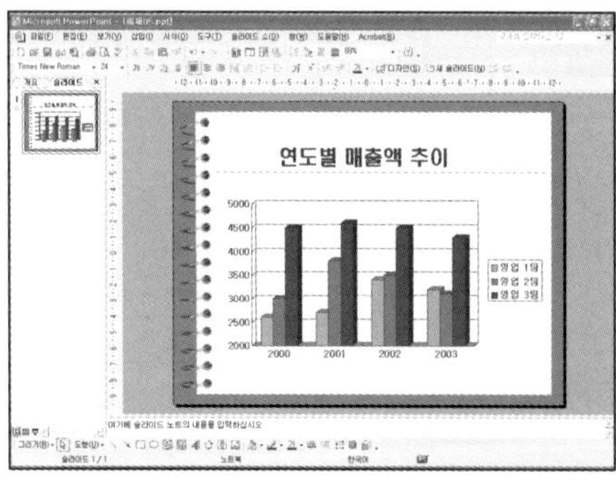

동일한 수치를 나타내는 그래프이지만, 일부분을 생략한 것만으로도 상당한 차이가 생겨 보기 쉽다.

…› 24페이지 참조(화보)

꺾은선형 그래프에 주의하자

프레젠테이션에서 가장 보기 어려운 것이 꺾은선형 그래프이다. 종이에 그려진 꺾은선형 그래프는 손가락으로 짚어가며 볼 수도 있지만, 빔 프로젝터로 투영한 화면은 상당히 보기 어렵다. 꺾은선형 그래프는 가능한 한 사용하지 않는 편이 좋다.

그래서 추천하는 것이 막대형 그래프와 영역 그래프로의 전환이다. 예를 들어, 1년간의 영업소 매출을 나타내는 경우, 꺾은선형 그래프를 사용하지 않고도 표시가 가능하다. 원래는 꺾은선형 그래프를 사용해야 하지만, 그래프의 종류를 바꾸더라도 보기 쉬운 쪽을 선택하는 것이 성공하는 케이스가 많다.

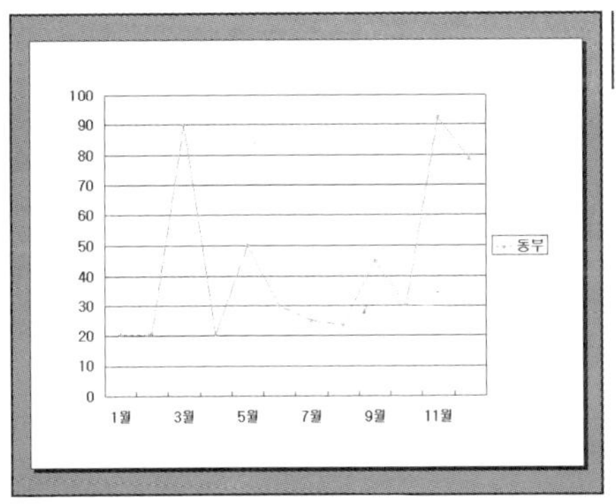

꺾은선형 그래프는 보기 어렵다. 특히 빔 프로젝터로 투영한 경우는 선을 구분하기가 더 어렵다.

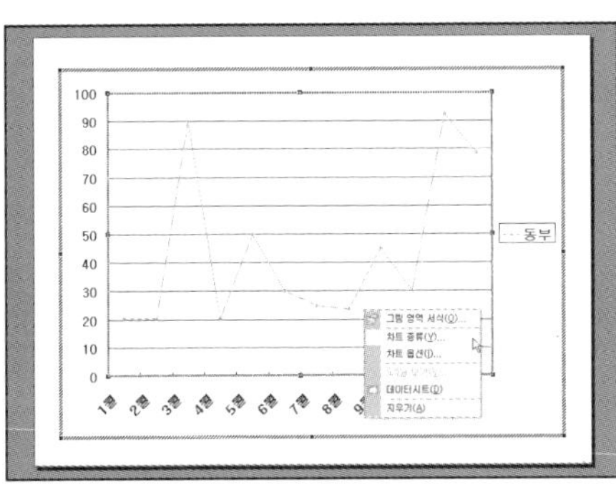

그래프 전체 영역에서 마우스 오른쪽 버튼을 클릭해 [차트 종류]를 선택한다.

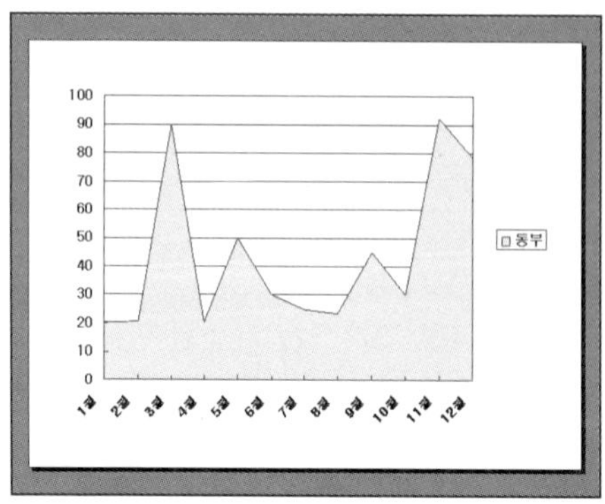

종류를 영역형으로 변경했다. 꺾은선형보다는 훨씬 보기 쉽다. 단, 영역형으로는 수치의 추이를 비교하기 어렵다.

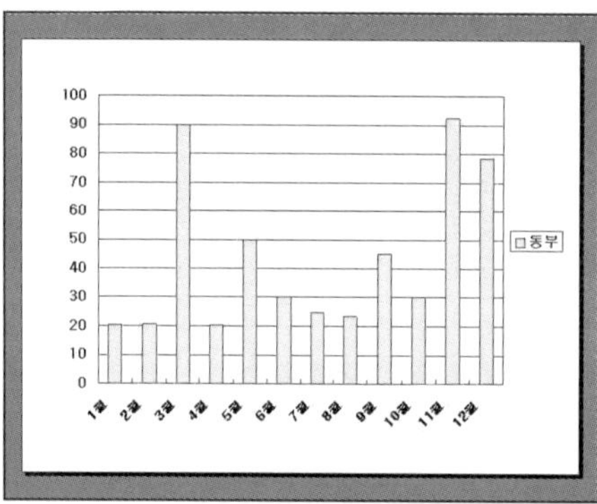

막대형으로 변경했다. 의외로 꺾은선형과 비슷한 효과가 있으며, 수치의 추이도 파악하기 쉽다.

실패하지 않는 차트 제작 요령 10가지

차트에 익숙하지 않으면 웬만해선 잘 만들기 어렵다. 또한 프레젠테이션용 차트는 종이에 인쇄한 차트와 비교해서 보기 어렵다는 단점이 있다. 여기에서 차트를 잘 만드는 10가지 요령을 소개하고자 한다.

1. 크기는 가능한 한 크게 만든다

차트를 사용할 때는 가능한 한 크기를 크게 한다. 가능하다면 한 장의 슬라이드에 하나의 차트를 배정하는 것이 좋다. 차트 크기는 마우스로 드래그해서 변경할 수 있다.

또한 자동으로 작성한 차트의 크기 관련 밸런스가 생각하던 바와 다를 경우에는, 범례의 위치를 이동하면 보기 좋게 된다.

2. 구체적인 숫자를 입력한다

차트는 기본적으로 개체 단독으로 사용된다. 차트 제작의 기반 데이터가 되는 표도 있겠지만, 양쪽을 모두 탑재하는 것은 시각적인 측면에서 고려하더라도 좋은 방법이 아니다. 차트에 포함된 수치도 상대에게 전달하고 싶다면 레이블을 표시한다. 모든 요소의 레이블을 표시하면 보기 힘들기 때문에, 필요한 것만을 추려내는 것이 포인트다.

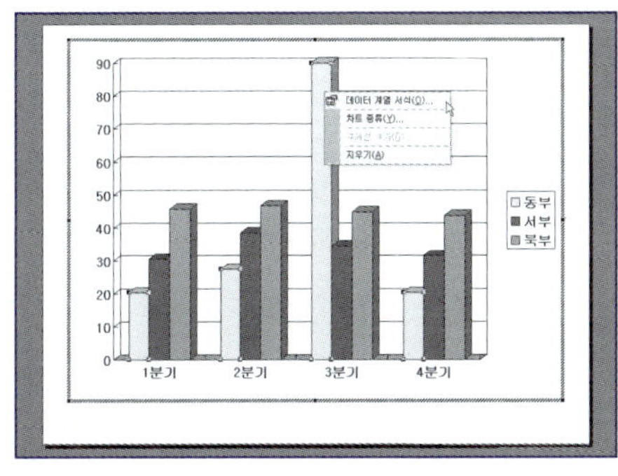

레이블을 표시하고 싶은 부분을 클릭, 원하는 부분이 선택된 상태에서 마우스 오른쪽 버튼을 클릭한다. 클릭은 한 번일 경우 동일한 항목 전체, 두 번이면 클릭한 부분만의 레이블을 설정할 수 있다.

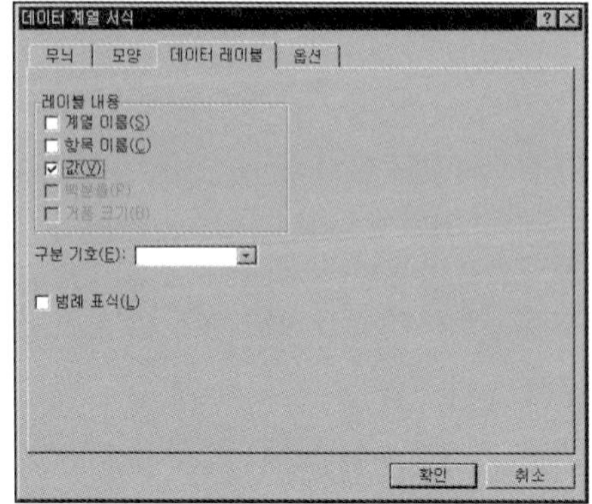

대화상자가 열리면, 표시하고싶은 항목을 체크하면 된다.

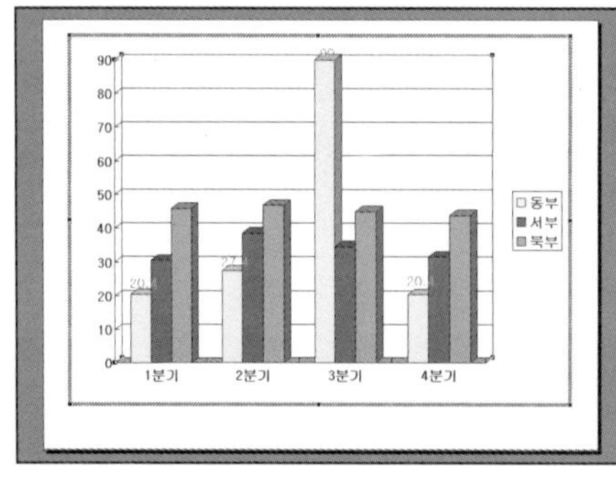

레이블이 표시되었다. 이제 구체적인 수치를 알 수 있으므로, 표를 동시에 탑재하지 않아도 된다.

3. 선은 굵게

차트에서는 선을 굵게 해야 한다는 점을 염두에 두자. 꺾은선형을 사용한다면 선을 극단적으로 굵게 하는 것이 좋지만, 옅은 색을 사용한 막대기형이나 원형도 선을 굵게 만듦으로써 절제된 느낌을 줄 수 있으며, 선명하게 눈에 띄인다.

설정은 간단한데, 앞에서 설명한 것과 동일하게 선을 굵게 할 부분을 클릭해서 선택하고, 마우스의 오른쪽 버튼을 클릭한 다음 데이터 계열 서식에서 설정하면 된다.

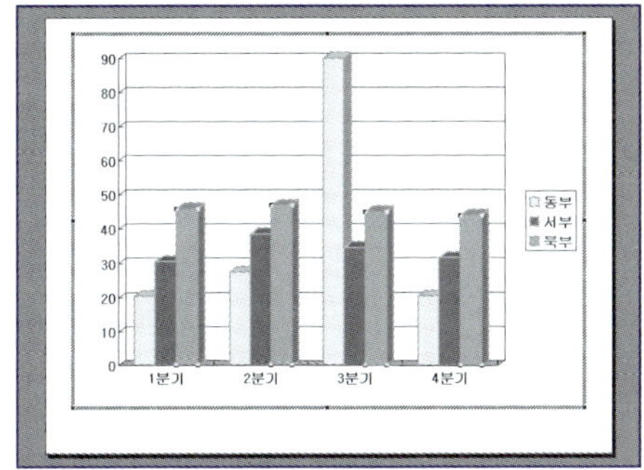

색이 옅은 막대의 몸통 선을 굵게 했다. 눈에 훨씬 선명하게 들어 온다.

4. 3차원형을 적극적으로 이용하자

뒤에 서술한 취재부분(116페이지)에서 언급하겠지만, 인간은 평면을 보는 것보다 울퉁불퉁한 입체쪽을 잘 볼 수 있다고 야구치 히로히사矢口博久 교수는 말한다.

그래서 추천하는 것이 3차원형이다. 파워포인트에서 기본적으로 만들어지는 차트도 3차원 막대형이므로, 누구라도 쉽게 이용할 수 있다. 다른 그래프 유형도 [차트종류]에서 3차원형을 선택하면 된다.

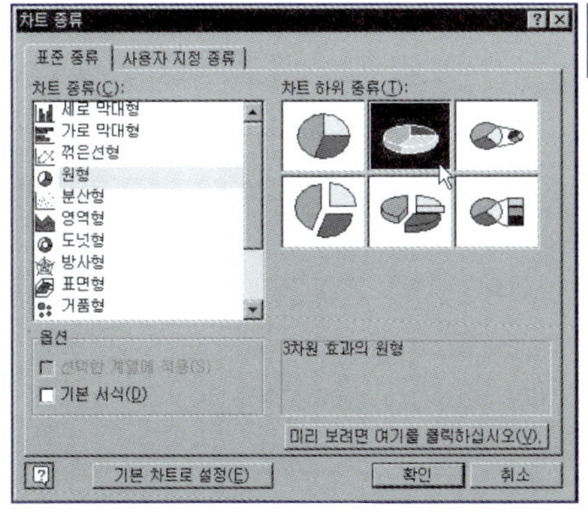

차트 전체를 마우스 오른쪽 버튼으로 클릭한 다음 [차트종류]에서 입체적인 샘플을 선택한다.

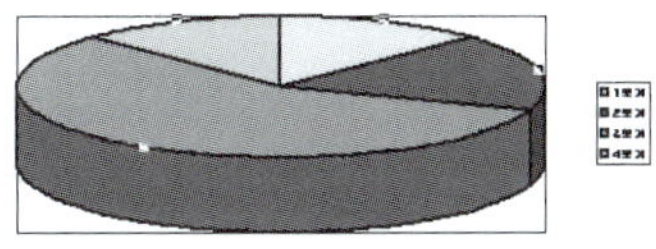

원형도 입체화하면 이미지를 파악하기 쉽다.

5. 강조할 숫자는 차이를 눈에 띄게 한다

자사 상품의 성능이나, 자신이 소속된 영업소의 매출 등을 보다 부각시키고 싶다면, 차트의 배치에 보다 신경을 써야 한다. 보다 낮은 숫자 옆에 배치함으로써 눈에 띄게 한다. 특히 막대형에서는 단순한 위치 차이로 이미지가 크게 변하므로 한번쯤 연구해보기 바란다.

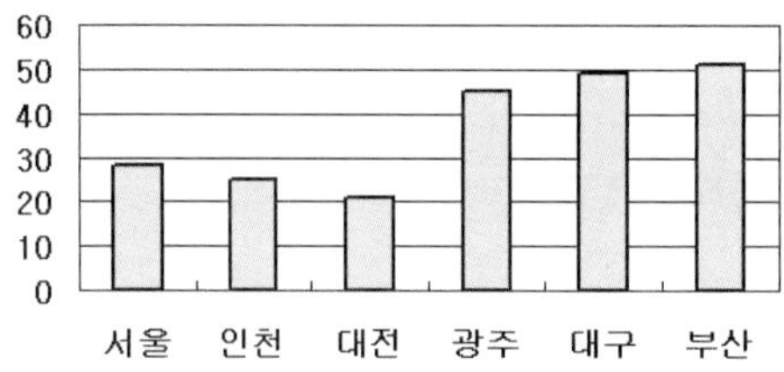

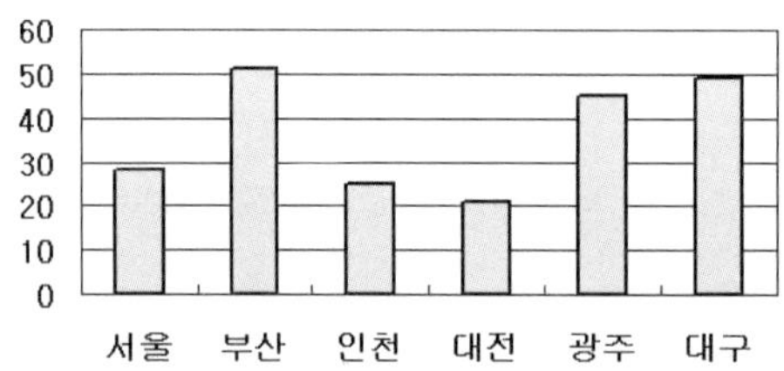

차트의 내용은 완전히 동일하지만, 부산의 위치를 바꾼 것만으로도 보다 수치가 강조된다.

6. 명암으로 차이를 낼 수 있다

원형이나 영역형에서는 강조하고 싶은 색을 밝게 설정한다. 밝은 색은 기본적으로 팽창색膨脹色이라서 실제보다 더 커 보이고, 눈에 잘 띄기 때문이다. 게다가 빔 프로젝터로 투영할 경우에는 보다 효과가 높다.

7. 주석을 적극적으로 사용한다

사람에게는 복수의 정보가 들어올수록 인상에 쉽게 남는다. 예를 들어, 차트를 사용한 프레젠테이션에서 자사의 매출을 제시하고 '이 결과에 주목해 주십시오' 라고 이야기하는 경우, 도형 기능으로 '주목' 이라고 쓰여진 설명선을 추가해 보자. 보다 주목 받을 수 있다.

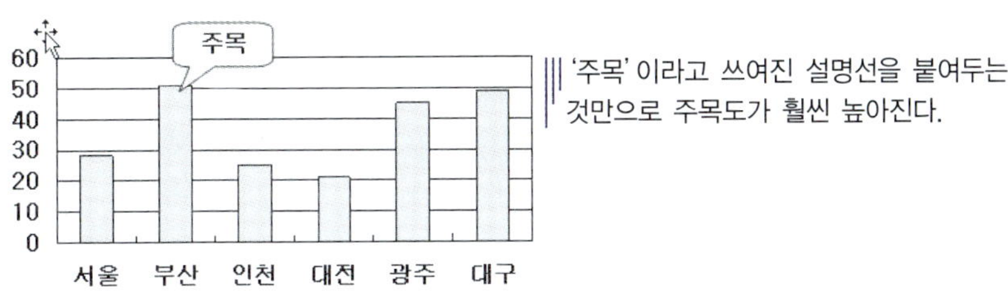

'주목' 이라고 쓰여진 설명선을 붙여두는 것만으로 주목도가 훨씬 높아진다.

8. 항목이 많을 때에는 생략한다

어떤 종류의 차트라도 지나치게 항목이 많으면 보기가 힘들다. 막대형이라면 슬라이드 한 장을 전부 사용하더라도, 항목은 5~8개 정도가 적당하다. 1년간의 매상을 매월 차트화 하면 12항목이 되지만, 이 정도가 한계라 할 수 있다.

9. 복잡한 차트는 사용하지 않는다

특별한 이유가 없는 한 복잡한 차트 사용은 피해야 한다. 힘들게 만들어 놓고도 보기 어려우면, 결국 무엇을 말하고 싶은 것인지 알 수 없다. 설명하는 측은 차트의 내용을 당연히 알고 있기 때문에 괜찮지만, 듣는 쪽은 그 차트를 처음 본다는 점을 잊지 말아야 한다. 복합 차트라면 종횡의 계열을 체크해서, 어떤 요소가 무엇을 나타내는지 확인해 두어야 한다.

10. 엑셀의 차트는 그대로 붙여넣는다

엑셀로 작성한 표나 차트가 있다면, 일부러 파워포인트에서 다시 만들 필요가 없다. 파워포인트에 붙여넣어서 재사용할 수 있기 때문이다.

이때 연결하여 붙여넣기를 선택하면 엑셀에서 편집한 데이터가 자동적으로 반영된다. 익숙해지기 전까지는 붙여넣기로 처리하면 되지만, 엑셀의 데이터를 편집했을 경우 붙여넣기를 다시 실행해야 된다는 것을 잊지 말자.

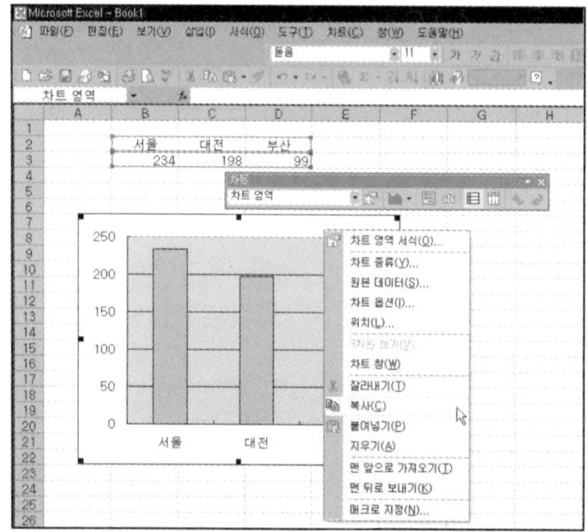

엑셀로 제작한 차트 전체를 선택한 다음, 마우스의 오른쪽 버튼을 클릭해서 [복사]를 실행한다.

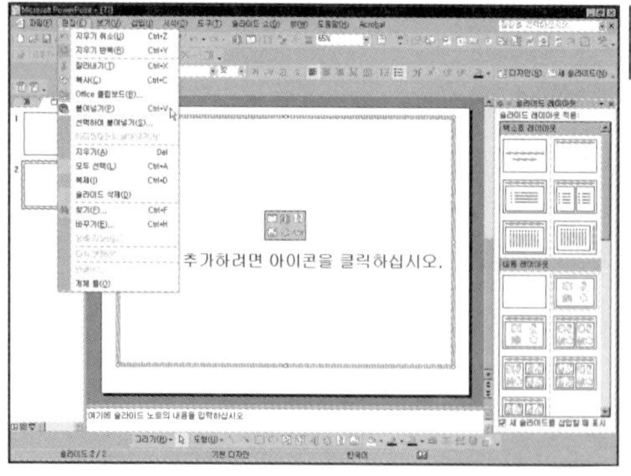

창을 파워포인트로 전환해서 [붙여넣기]를 실행한다.

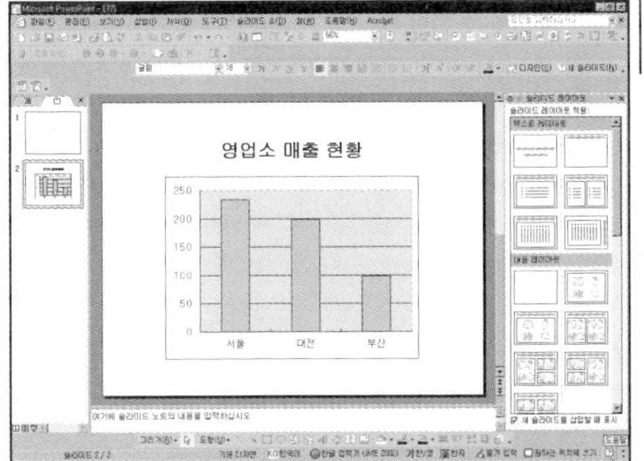

엑셀로 작성한 차트를 그대로 이용할 수 있다. 파워포인트로 다시 작성하는 것보다 훨씬 빠르다.

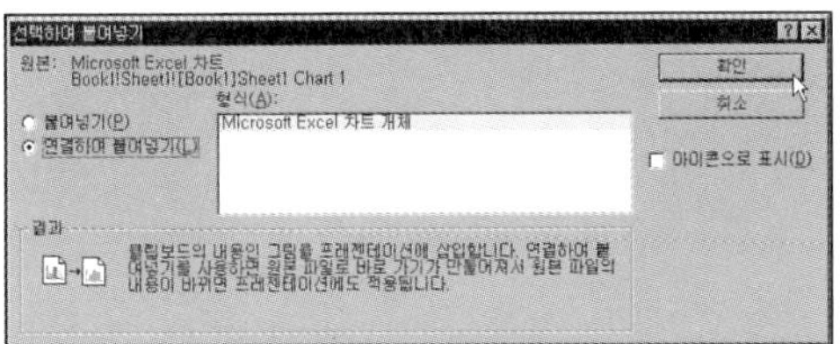

[붙여넣기]를 할 때 [선택하여 붙여넣기]를 실행한 다음, [연결하여 붙여넣기]를 선택하면 차트의 수치가 연동된다.

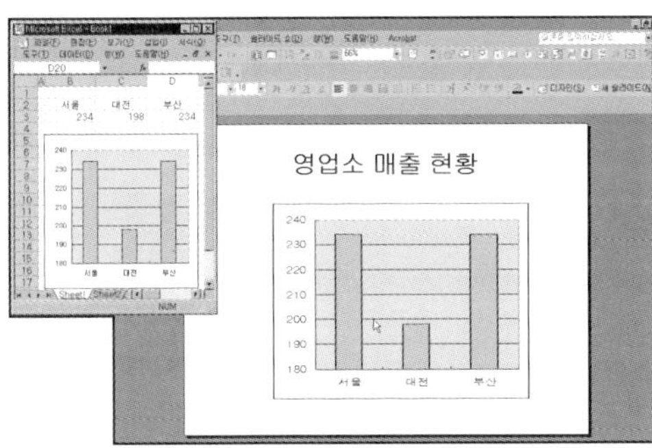

엑셀에서 변경된 데이터가 파워포인트에 붙여넣은 차트에도 반영된다.

비주얼을 사용하자

여기에서는 차트 이외의 비주얼에 대해서 설명한다. 적극적으로 비주얼을 사용해서 인상에 남는 프레젠테이션을 준비하자.

비주얼의 효과

'백문이 불여일견' 이란 정말로 오묘한 말이라고 할 수 있다. 취재 과정에서도 비슷한 말을 여러 번 들었다. 일단 비주얼은 상당히 이해하기 쉽다는 점을 염두에 두기 바란다.

말과 문자로 설명하는 것보다, 도표나 그림, 사진을 보여주는 것이 빠르면서도 동일한 이미지를 구축할 수 있는 것이다. 예를 들어 '높은 산' 이라고 한마디로 설명하더라도 받아들이는 측에 따라 그리는 이미지는 달라질 것이다. 설악산이나 유럽의 알프스 등, 구체적인 사진을 보여주는 것이 훨씬 확실하다. 자세하게는 116페이지, 야구치 히로히사矢口博久 교수의 단원에서 서술하고 있지만, 사람의 시선이 가장 끌리는 것이 바로 비주얼이다.

똑같은 말을 하고 있는 슬라이드라도, 비주얼이 있으면 이미지가 더욱 강렬해진다. 두개의 슬라이드 모두 한 회사의 'GPS 서비스 시스템' 을 설명하는 내용이지만 좀더 강한 인상과 명쾌한 이해를 시켜주는 것은 비주얼을 이용한 우측의 슬라이드이다.

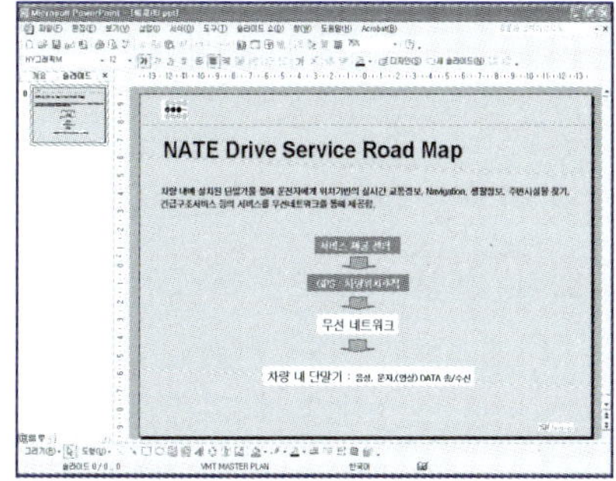

텍스트 중심의 슬라이드

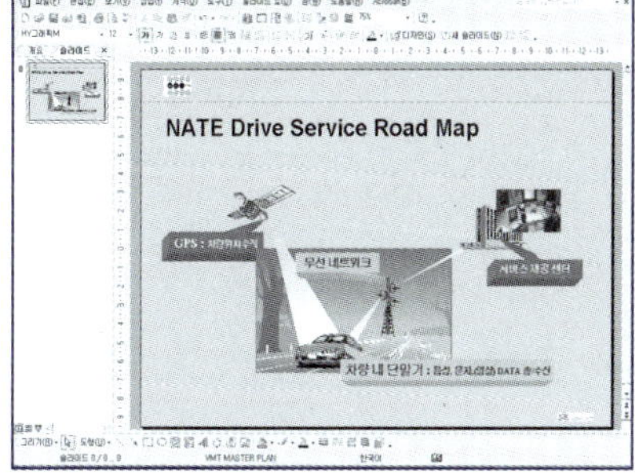

비주얼 중심의 슬라이드

···› 30페이지 참조(화보)

소재 수집 요령

비주얼을 삽입할 때는 몇 가지 요령이 있다. 이용할 비주얼의 종류에 따라서도 다르지만, 우선은 간단히 정리해 두자.

슬라이드 작성에 소요되는 시간은 한정되어 있다. 비주얼에 관해서는 가능한 한 '보유하고 있는 것'을 활용하는 것이 요령이다.

최근에는 디지털 카메라의 보급으로 사진 촬영이 아주 간단해져서, 필요한 사진을 찾는 것보다는 촬영하는 것이 더 빠른 경우가 많다.

차트	직접 제작, 차트 기능을 사용.
이미지 컷	클립아트 사용
일러스트	직접 그리거나 일러스트 소재집을 인용, 클립아트를 이용한다
사진	디지털 카메라로 촬영하거나 사진 모음집을 인용한다
지도	직접 그리거나 지도 소프트웨어에서 붙여넣기

모두 Web에서 인용할 수 있는 것들이다.

클립아트 사용법

클립아트는 MS 오피스 제품에서 공통으로 이용할 수 있는 일러스트와 사진 모음집이다. 일러스트는 수도 많고 충실해서, 잘만 사용하면 별도의 모음집을 구입할 필요성을 느끼지 못한다.

또한 다운로드한 클립아트도 간단히 사용할 수 있으므로, 놓치지 않도록 하자. 설정만 한번 해놓으면 마이크로소프트의 웹사이트에 등록된 클립아트가 파워포인트에 일괄적으로 표시되므로, 자유롭게 선택해서 사용할 수 있다.

클립아트의 수가 적었던 몇 년 전까지는 수많은 회사에서 동일한 일러스트를 사용한 자료를 제작하는 경우가 많아 식상한 이미지가 있었지만, 최근에는 수가 많아져서 이런 경우가 매우 적다.

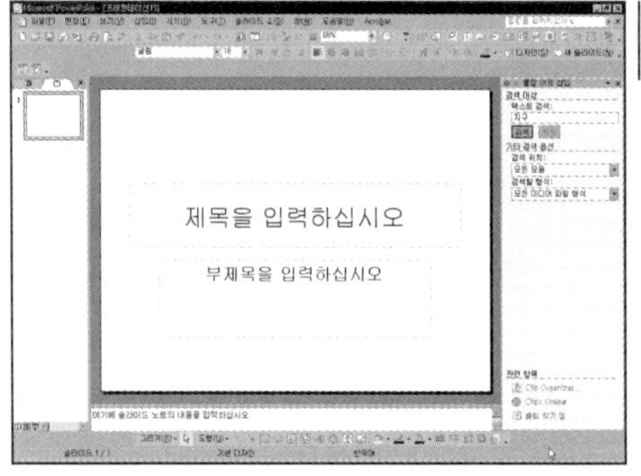

클립아트는 작업창에서 카워드 검색으로 목록화 할 수 있다.

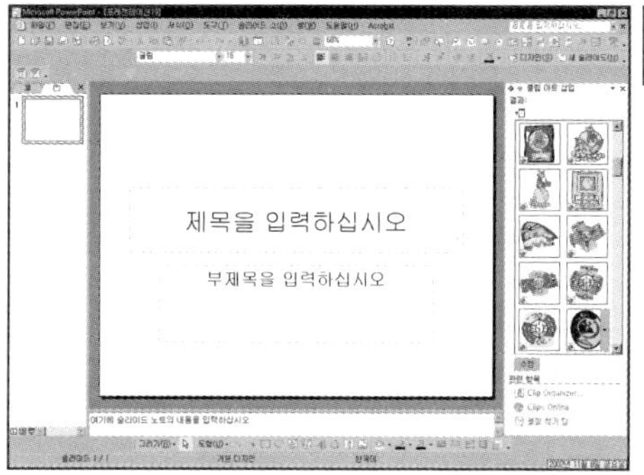

지구본 마크가 붙어있는 것이 웹상에 있는 클립아트이지만, 별도로 관리하지 않아도 이용할 수 있다.

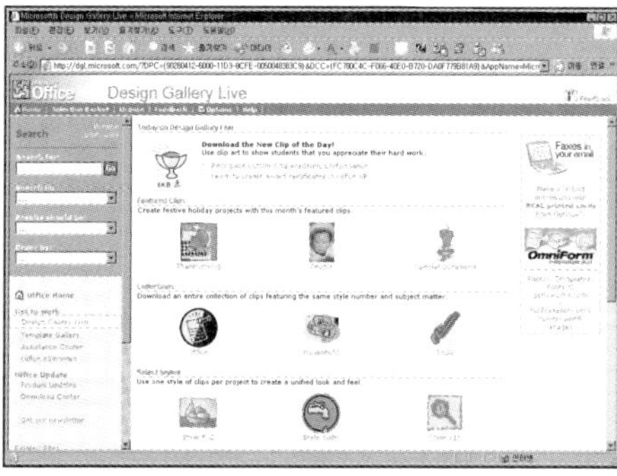

마이크로소프트의 웹사이트에는 막대한 클립아트가 들어 있다. 이미지에 적합한 것을 효율적으로 찾고 싶다면 이곳을 이용하자. 우측 [Clips Online]을 클릭하면 연결된다.

가독성이 뛰어난 프레젠테이션 자료에 대하여

치바 대학의 야구치 교수에게, 주로 가독성이 뛰어난 프레젠테이션 데이터에 관해 취재를 부탁했다. 인간의 눈이 가진 특성의 일부분을 이해하는 것만으로, 프레젠테이션 자료작성에 상당한 도움이 된다는 것을 알았다. 뒷부분에서는 색에 대해서도 언급하고 있으므로 잘 활용하기 바란다.

Profile : 야구치 히로히사矢口博久

1950년 생. 치바 대학 공학부 정보화상情報畵像공학과 교수. 응용물리학회, 일본광학회와 조명학회, 일본색채학회 등에 소속. 주요한 저서로 『일본사진학회-일본화상학회 합동출판위원회편』(코로나출판사), 『화상공학개론(공저)』(마루젠출판사) 등이 있다.

Q | 가독성을 결정하는 것은 무엇입니까?

가독성의 기본은 대비contrast입니다. 대비가 확실하고 강할수록 가독성이 좋아집니다. 대비에는 명암과 색의 대비가 있습니다. 색에 차이를 만들어도 가독성이 반드시 좋아진다고는 할 수 없으니, 실제로는 명암 대비만을 고려하면 이해하기 쉽겠지요. 즉, 흑백의 대비입니다.

Q | 빔 프로젝터의 가독성은?

빔 프로젝터로 투영하는 경우, 당연히 옅은 색은 밝게 표시되고 짙은 색은 어둡게 표시됩니다. 백과 흑의 차이가 있는 편이 보기 쉬운 것입니다.

Q | 대비에 대해서만 신경 쓰면 되는 것입니까?

보기 힘든 색이라는 것이 확실히 있습니다. 그런 점에서는 색 배합 역시 고려해야겠지요. 예를 들어, 적색과 녹색은 원래 눈에 잘 띄는 보색 관계입니다만, 적색 바탕에 녹색 문자를 배치하면 가독성이 극도로 떨어집니다.

Q | 무슨 색을 사용할 때 주의해야 합니까?

특히 주의해야 하는 색은 청색입니다.
사람의 눈은 파장의 길이에 따라 다른 세 종류의 센서로 색을 감지합니다. 그 중에서 가장 짧은 파장을 감지하는 것이 청색을 감지하는 부분입니다. 예를 들어 색 감각이 없는 동물의 경우, 센서는 한 종류밖에 없습니다. 개나 소가 그렇습니다만, 색이 거의 없는 흑백의 세계에서 살고있는 셈이지요.

인간이 지닌 센서 중 청색을 느끼는 부분은 1/60 정도에 불과합니다. 예를 들면 어두운 밤에 청색의 네온사인은 상당히 보기 어렵다고 느낄 것입니다. 흰색 바탕에 청색의 네온은 자주 있습니다만, 청색만의 네온사인이 거의 없는 이유는 이것 때문입니다.

이처럼 검은색 바탕에 청색 문자를 보기 어려운 것은 청색을 감지하는 센서가 약하기 때문입니다. 검은색 바탕에 청색이면, 결국 배경이 빛을 전혀 반사하지 않습니다. 즉, 청색 부분만을 반사하게 되는 겁니다.

역으로, 흰색 바탕에 노란색 문자의 경우 상상만해도 보기 어렵다는 것을 알 수 있습니다. 사실 흰색 바탕에 노란색 문자도 청색을 감지하는 센서로 보게 됩니다. 배경인 흰색은 빛을 완전히 반사합니다. 노란색도 배경의 빛을 모두 반사합니다만, 청색만 흡수하게 됩니다. 흰색은 빛의 삼원색이 모두 들어가 있습니다만, 여기에서 청색 빛을 감소시키면 노란색이 되는 것입니다.

Q | 슬라이드 작성시에 특히 주의할 것은?

PC를 눈앞에 두고 작업할 때는 검은색 바탕에 청색이든, 흰색 바탕에 노란색이든 의외로 잘 보입니다. 거기에 기준을 두고 자료를 만들다보면 낭패를 보는데, 이것을 빔 프로젝터로 투영했을 때는 전혀 보이지 않게 됩니다.

Q | 대비의 좋고 나쁨을 간단히 판단하는 방법을 가르쳐 주십시오

대비에 의한 가독성의 차이를 판단할 때에는, 흑백으로 한번 인쇄해 보는 것이 가장 알기 쉬운 방법입니다. 흑백으로 인쇄해서 보기 쉽다면 컬러로 인쇄하더라도 보기 쉽습니다. 프레젠테이션 자료가 완성된 다음에는 256 그라데이션 흑백으로 인쇄해 봅시다. 인쇄물의 상태가 보기 쉬우면 결과적으로 보기 쉬운 색인 것입니다.

예를 들면 아주 빨간색에 아주 파란색이라던가, 아주 빨간색에 녹색 등도 큰 면적을 차지하고 있다면 별 문제가 없습니다만, 세밀한 문자 등일 경우엔 상당히 보기 어렵게 됩니다. 이런 문제도 흑백으로 인쇄해서 확인해 두길 바랍니다.

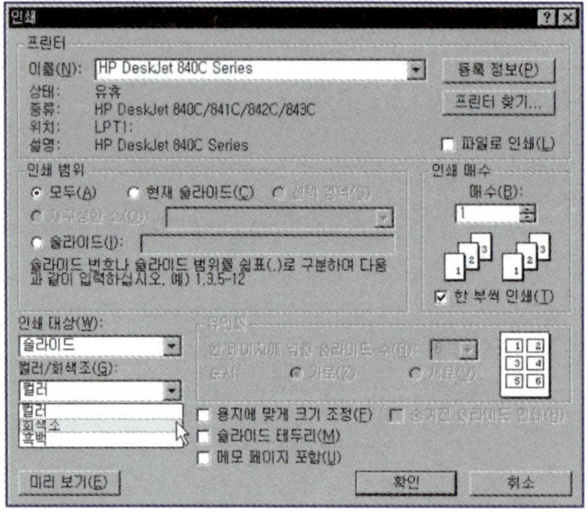

파워포인트에서는 인쇄메뉴에서 [그레이스케일] 인쇄를 지정할 수 있습니다.

Q | 실내의 밝기는?

최근에는 빔 프로젝터에도 밝은 제품이 늘고 있습니다. 따라서 실내가 어느 정도 밝더라도 투영한 데이터를 제대로 볼 수 있겠지요. 이와 같은 경우라면 실내를 가능한 한 밝게 하는 것이 좋습니다. 실내가 어두울수록 손에 든 자료를 볼 수 없기 때문입니다.

예전의 슬라이드처럼 어두운 실내에서 밝은 영상을 보는 상황에서는, 손에 든 자료를 보면 사람의 눈이 금방 피로해집니다. 어두운 곳에서는 동공이 약간 열리면서 시력이 저하됩니다. 예를 들면 영화관도 어두운 곳입니다만, 영화관에서 손에 든 자료를 보는 일은 없습니다. 그렇기 때문에, 가능한 한 화면의 대비를 확실히 하기 위해서 어둡게 합니다.

동영상은 일반적으로 대비의 패턴이 낮습니다. 또한 자연적인 것에 비해 인공적인 쪽의 대비가 높은 것이 일반적입니다.

Q | 회사의 이미지 컬러를 고객에게 인지시키고 싶습니다만 …

색을 사용할 때 신경 쓰기 좋은 것이 색의 이름입니다. 적색이나 황색 등 눈에 띄는 색, 위력이 강한 색은 당연히 강한 인상을 줍니다. 그뿐만이 아니라 이름을 확실히 구분할 수 있는 색쪽이 기억에 남기 쉽다는 점을 알아둡시다. 사람은 색을 기억할 때에, 이름으로 전환하는 작업을 한번 거치게 됩니다.

현실적으로 직접 작성한 색 배합과 빔 프로젝터로 투영된 색 배합이 다른 경우가 자주 있습니다. 예를 들면 적색으로 제작했더라도, 투영해 보면 핑크색처럼 보여지는 경우도 얼마든지 있을 수 있습니다. 이렇게 되면 색의 이름이 별개의 카테고리에 포함되어 버릴 수도 있습니다.

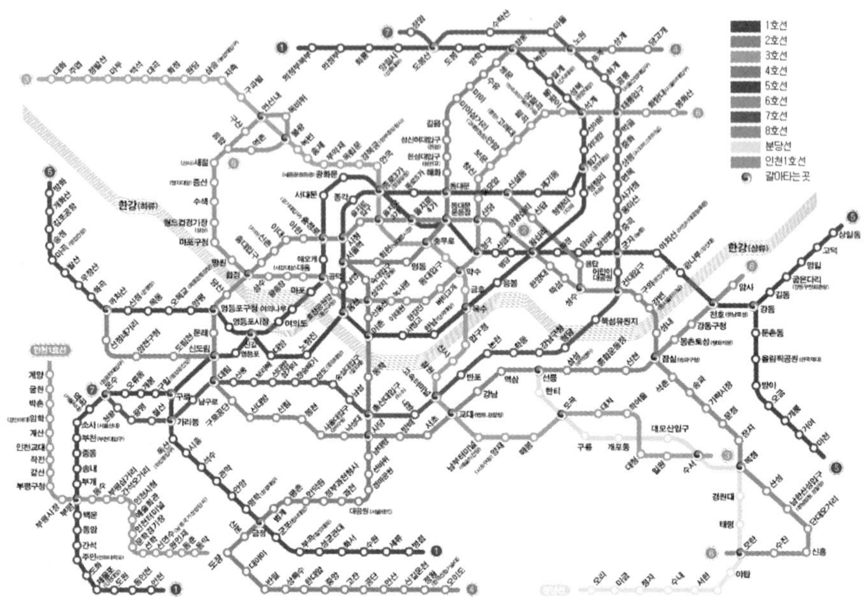

구별하기 쉬운 색상의 지하철 노선도

Q | 구체적으로 알기 쉬운 색은?

알기 쉽게 구체적으로 꼽아보면, '흰색, 회색, 검은색, 적색, 녹색, 노란색, 청색, 보라색, 갈색, 오렌지색, 핑크색' 등 11색은 기억에 남기 쉽습니다. 이것은 색 이름의 영역을 나타내는 좌표계, 즉 공간이 겹쳐지지 않기 때문입니다. 미국의 언어학자 「Berlinand key」 교수에 의하면, 어떤 민족이든 일정수준 언어가 발달하게 되면, 앞에서 지적한 11색의 이름을 가지고 있다고 합니다.

이 사고방식은 다양한 곳에 활용하고 있는데, 예를 들면 지하철 노선도의 색 분류 등에도 응용되고 있습니다.

⋯→ 25페이지 참조(화보)

Q | 배경을 어떤 색으로 해야 할지 고민됩니다

배경색이 고민될 경우에는 흰색으로 하면 되겠지요. 복잡한 배경 앞에 도형을 배치하면 보기 힘들게 됩니다. 사실은 흰색의 경우도 일정 수준 억제하는 편이 바람직합니다. 밝은 흰색을 지나치게 사용하면 노란색을 보기 어려워지기 때문입니다.

Q | 차트 제작법도 가르쳐 주십시오

예를 들면 차트의 경우도 옅은 청색이나 노란색으로 구분하는 것보다는 적색이나 청색, 녹색 등 위력이 강한 색을 중심으로 하는 편이 보기 쉽겠지요. 또한 음영을 설정해서 입체적으로 보여주는 3차원형을 권하는 바입니다. 사람의 눈은 3차원적인 것을 인식하는데 뛰어나므로, 좀더 알아보기 쉬운 것입니다.

꺾은선형의 경우는 선의 종류를 바꿀 때가 많습니다만, 점선보다는 직선이 당연히 보기 쉽습니다. 따라서 직선으로 하고 색에 변화를 주는 방식이 좋겠지요. 그러나 똑같은 선이 몇 개나 있는 상태에서는 색을 바꾸기보다 점선 등을 사용해서 선의 종류를 바꿔주는 편이 보기 쉬워지는 경우도 있으므로, 상황에 따라 적절한 방법을 선택해서 대처하기 바랍니다. 꺾은선형의 포인트도 원이나 삼각으로 바꿀 수 있습니다만, 멀리 떨어져서 보면 어느쪽이든 원형으로 보이게 될 것입니다. 역시 선을 중심으로 차이점을 만드시기 바랍니다.

Q | 설명도에는 삼각형 등의 구성 요소를 사용해야 합니까?

두 개의 다른 것을 표현할 때, 형태와 색을 바꿔 의미를 표현하는 방식을 적용하는 것은 기본적이지만 매우 중요한 사항입니다. 예를 들면, 삼각의 도형을 가리킬 때 흐릿해서 잘 보이지 않는 경우에도, '이 삼각형은' 이라는 설명을 덧붙이면 보다 명확하게 삼각형으로 보이는 법입니다.

Q | 종이와 빔 프로젝터의 차이를 의식하는 편이 좋을까요?

빔 프로젝터로 투영한 영상과 종이에는 큰 차이가 있다는 점도 확실히 숙지해 두기로 합시다.

종이의 경우, 가장 밝은 것은 흰색입니다. 안정적이고 지면에 익숙해져 있기 때문에, 빔 프로젝터보다는 쉽게 피로해지지 않습니다. 빔 프로젝터의 투영화면이나 모니터의 경우는 RGB를 모두 합치면 하얗게 됩니다. 이것을 흰색으로 설정해서 계산하는 것입니다만, 실제의 흰색보다도 낮게 설정되는 것이 보통입니다.

문고판 같은 작은 책에서 작은 문자를 계속 보더라도 그다지 피로해지지는 않습니다만, 화면으로 동일한 크기의 문자를 계속 읽다 보면 상당히 지치겠지요. 프레젠테이션 시에도, 기본적으로는 보기 힘들어서 피로한 상태라는 점을 염두에 둔 다음, 데이터 제작에 임하기 바랍니다.

Step 3

프레젠테이션에 효과적인 색에 대해 알아보자

컬러풀한 프레젠테이션 자료를 간단히 만들 수 있게 된 지금, 색에 따른 효과 차이를 파악하여 위력적인 자료를 만들어 보자.

슬라이드의 색을 생각한다

보기 쉬운 것이 프레젠테이션의 기본이라고 하지만, 정말로 가독성이 좋은 색 조합을 알고 있는가? 세세한 요소가 많은 슬라이드일수록 색 활용이 중요하다.

색과 가독성

시각에 호소해서 상대를 설득하는 것이 프레젠테이션이므로, 보기 쉽지 않으면 의미가 없다. 그럼 어떤 색이 보기 쉬울까? 기본적으로는 대비가 강한 색이 보기 쉬운데, 예를 들면 흰색 바탕에 검은색 문자, 검은색 바탕에 흰색 문자가 가장 가독성이 뛰어나다.

물론 이래서는 흑백이 되기 때문에 컬러로 프레젠테이션을 하는 의미가 없다. 많은 색을 사용하는 경우, 보기 쉬운 색을 능숙하게 사용하는 능력이 중요하다.

가독성과 피로

안구가 피로해지는 경우는 없다. 예를 들면 눈을 집중시켰을 때에 피로해지는 것은 눈 주변의 근육이다. 보기 힘든 슬라이드를 계속 보고 있으면 상당히 지치게 되지만, 여기에는 정신적인 면도 영향을 준다.

어느쪽이든 보기 힘든 것을 억지로 오랫동안 보고 싶지 않은 것이 일반적이다. 단, 보기 쉬운 색의 조합이라도, 자극이 강하면 피로해질 수 있다는 것은 쉽게 상상할 수 있다.

세밀한 문자, 작은 문자에 주의!

빔 프로젝터로 투영한 영상이 원래의 화면에 비해 약간 흐릿하다고 느껴지지 않는가? 이것은 원래의 영상을 확대시켰기 때문이다. 게다가 엷은 색일수록 강한 빛으로 팽창한다. 세밀한 문자, 작고 획수가 많은 문자는 뭉개지기 쉽다. 문자에 관해서는 종이 자료보다도 더욱 가독성에 신경 써야만 한다.

빔 프로젝터와 종이의 차이

주의해야 할 점은 빔 프로젝터의 가독성이 떨어진다는 것이다. PC 화면에서 흰색으로 보이는 것이 실제로도 흰색으로 보이는 경우는 거의 없다. 시험 삼아 손에 든 복사용지를 화면과 비교해 보면 된다. 화면은 종이에 비해 회색이나 아이보리색이 강할 것이다. 물론 종이 자체도 순백색이 아닌 경우가 많다.

빔 프로젝터는 PC보다도 색의 재현성이 현저히 떨어진다. 투영한 영상을 보게 되므로, 기본적으로는 모니터보다 어둡다. 또한 주변의 밝기에 따라 더욱 어두워질 수 있다. 흰색이 회색으로 보이거나, 적색이 핑크색으로 보이는 경우도 자주 있다. 정말로 색이 신경 쓰인다면, 사용하는 빔 프로젝터의 투영색을 점검해 둘 필요가 있다.

색을 점검하는 방법

PC 화면과 투영한 영상의 색 차이를 점검해 두자. 자신이 사용하는 PC와 빔 프로젝터를 점검해 두면 두고두고 도움이 된다. 예를 들어, 적색이 핑크색으로 보일 경우 PC에서 보다 짙게 보이는 색조로 하면, 투영한 영상이 적색에 가까워질 것이다.

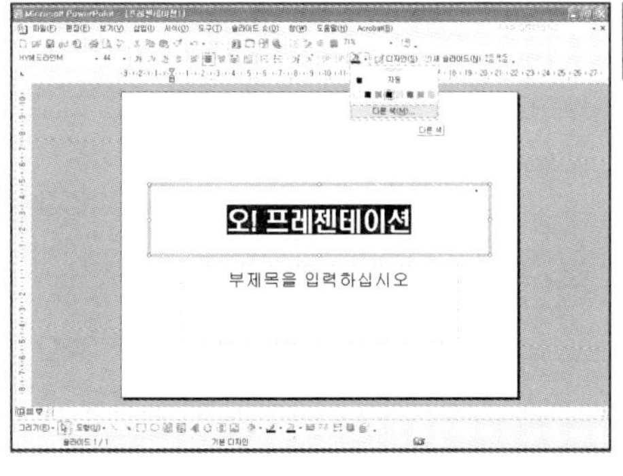

파워포인트에서 적당한 문자를 입력하고, 글꼴 색에서 [다른 색]을 지정한다.

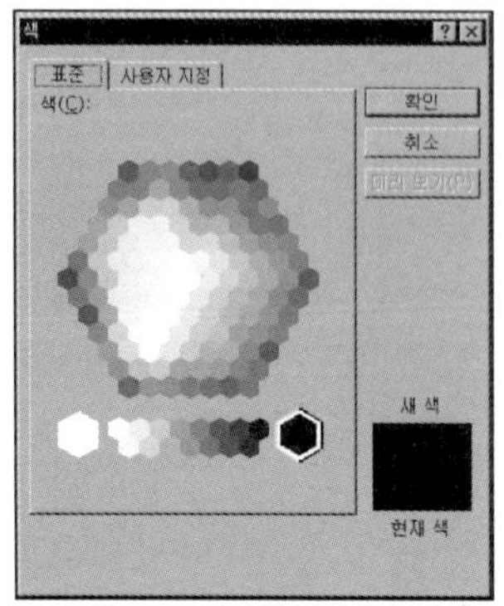

화면에 색 차트가 표시되므로 이 상태에서 투영된 영상과 PC의 화면을 비교해 보자. 도형에 색채우기를 적용하는 것보다, 색 차트로 판단하는 것이 더 낫다.

···▸ 11페이지 참조

● 색조견표(RGB)

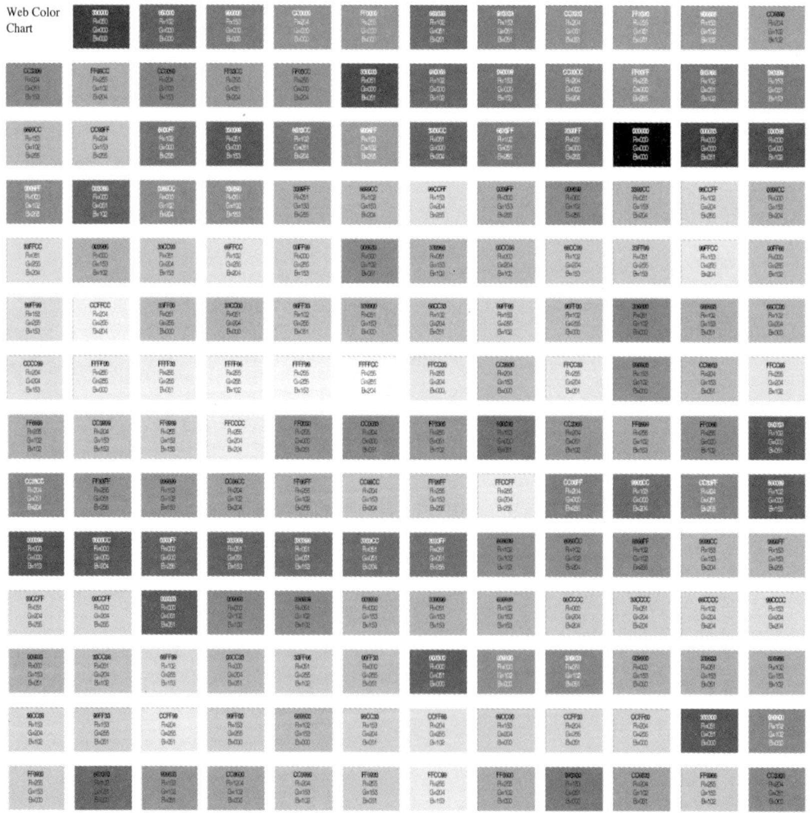

배경을 고려한다

배경 색을 고려하자. 유별난 색으로 개성을 주장하는 것도 좋지만, 기본은 표준적인 색의 조합이다.

배경은 흰색이나 검은색이다

처음에는 배경을 생각하자. 여러 번의 취재와 관련 자료를 통해 정보를 집약한 결과, 가장 무난한 것은 흰색이라는 결론에 도달했다. 배경 위에 배치하는 문자와 도안을 잘 보이게 하기 위해서는 당연히 대비 차이가 있어야 한다. 대비의 양 극단에 위치하는 흰색과 검은색이 배경후보 1위라는 사실은 틀림없다. 그럼, 어째서 흰색인가를 검증해 보기로 하자.

문자를 비롯하여 정보는 대부분 색이 짙다

세상에 존재하는 정보는 대부분 색이 짙은데, 특히 문자는 검은색이 많다. 우리는 오랫동안 종이 문화 속에서 살아왔기 때문에 당연한 일이라 할 수 있다.

책이나 신문이 흰색 종이에 검은색 문자인 것은 당연하다. 예를 들어 달력을 살펴보면, 그 대부분이 흰색 바탕에 검은색 문자라는 점을 알아차리게 될 것이다. 달력의 바탕이 꼭 흰색일 필요는 없다. 디자인을 강조한 것이라면 검은색 바탕에 흰색 문자도 있을 수 있다. 그러나 대부분이 흰색 바탕에 검은색 문자인 것은, 단지 그래야 보기 쉽다는 이유 때문이다. 게다가 사람의 눈은 기본적으로 흰색 바탕에 검은색 문자에 익숙해져 있다.

즉, 세상에 존재하는 문자 정보는 대부분 검은색이라 생각해도 된다. 프레젠테이션 슬라이드도 특별한 이유나 제약이 없는 한, 흰색 또는 흰색에 가까운 옅은 색을 바탕으로 해야 한다. 단, 검은색 바탕에 흰색 문자쪽이 눈의 감도를 향상시킨다.(133페이지 참조)

시력검사표를 참고하자.

안과나 안경점에 구비된 시력검사표나 시력검사 기계에는 모두 흰색 바탕에 검은색 기호가 나열되어 있다. 대비의 측면에서만 생각하면 반대라도 상관없겠지만, 역시 흰색 바탕에 검은색이 위화감 없이 볼 수 있다.

흰색의 효과를 숙지하자

어두운 방에 밝은 부분이 있으면, 사람은 눈을 집중해서 필사적으로 보려고 한다. 실제로 시력도 상승한다고 한다. 약간 어두운 방에 밝은 프레젠테이션 화면이 있으면, 필사적으로 보는 효과를 기대할 수 있다. 그렇기 때문에 전체가 밝아지는 흰색을 기조로 한 옅은 색의 바탕이 좋다.

배경에 비주얼이 있는 편이 좋은가

지금까지 서술한 대로, 배경은 심플한 편이 바람직하다. 모든 페이지에 공통적인 일러스트를 넣고 싶은 마음은 이해하지만, 전하려고 하는 내용보다 먼저 일러스트에 주목이 집중될 가능성이 크다. 만약 내용을 먼저 보았다고 해도, 일러스트가 있음으로써 초점이 흔들린다.

사람은 컬러풀하고 리얼한 일러스트일수록 주목하는 성질이 있다. 따라서 만약 모든 배경에 공통의 이미지를 넣는다 해도, 의미를 알 수 없을 듯한 무늬가 좋다. 사용해도 좋은 무늬, 좋지않은 무늬를 서식 중에서 몇 가지를 소개한다.

사용해선 안 되는 서식

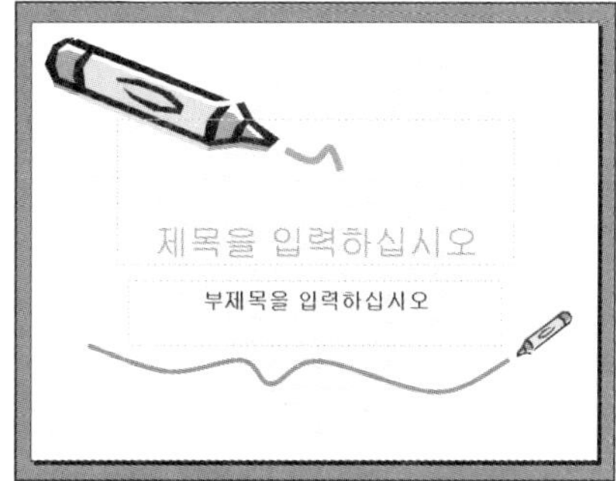

양쪽 모두 구체적인 비주얼이 있고, 게다가 화려한 색상이 눈길을 끈다.

사용해도 되는 서식

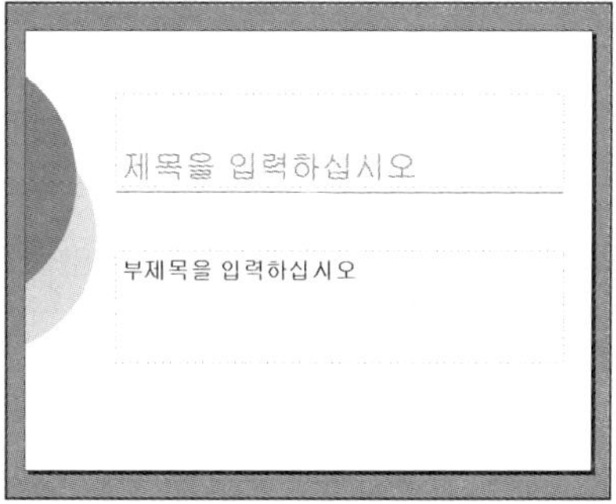

배경에 비주얼이 있긴 하지만, 의미가 불명확하고 구체적인 형태를 띠고 있지 않기 때문에, 시선을 끌지 않는다.

···▸ 12페이지 참조

문자색을 결정한다

이제 배경색을 결정했으면 다음으로 문자색을 생각하자. 배경을 흰색으로 한다면, 문자는 당연히 검은색이 기본이다. 배경이 검은색이라면 흰색이 기본이다. 대비가 뚜렷해지는 조합을 생각하면 된다.

흰색 바탕에 어떻게 든 엷은 색의 문자를 사용하고 싶을 때는, 부분적으로 검은색 등 짙은 색을 배경으로 사용하면 된다. 또한 문자의 주변을 박스로 처리하거나 음영 처리하는 것도 효과적인 방법이다.

화면의 일부를 짙은 색으로 하면 엷은 색의 문자도 잘 보인다.

문자가 엷은 색일 경우에는, 음영처리를 통해서도 눈에 잘 보이게 할 수 있다.

문자의 주의점

타이틀이나 포인트로 사용하는 문자는 화려한 장식이라도 상관없다. 하지만 전체적으로 화려하게 만들면 읽기가 어렵다. 결국, 본문에 해당하는 부분은 지극히 평범한 문자를 사용해야 한다.

신경쓰이는 부분이 서체인데, 빔 프로젝터로 투영할 것을 고려한다면 선이 굵은 고딕체를 사용해야 한다. 명조체는 선이 얇아서 세밀한 부분이 희미해지기 쉽다. 그래도 문서 전체를 읽어내려 가다보면 판독이 어려운 문자가 몇 개 있어도 의미는 통한다. 하지만 선택사항으로 명조체와 고딕체가 있는 이상, 좀더 읽기 쉬운 고딕체를 사용하는 것이 좋다. 고딕체에도 여러 종류가 있는데, 사용하는 사람들의 취미나 기호, 디자인에 따라 결정된다. 또한 고딕체 이외에도 선이 굵어서 읽기 쉬운 서체라면 적극적으로 사용하기 바란다.

한 장의 슬라이드에 들어갈 적절한 문자 수에 관해서는 나중에 설명하기로 하자.

파워포인트를 이용한 프레젠테이션 시
적합한 한글서체 VS 적합하지 않는 한글서체

고딕계열	
HY헤드라인	고딕체는 세밀한 선이 뭉개지지 않는다
중고딕	고딕체는 세밀한 선이 뭉개지지 않는다
굴림체	고딕체는 세밀한 선이 뭉개지지 않는다

명조계열	
바탕체	명조체는 세밀한 선이 뭉개지기 쉽다
HY견명조	명조체는 세밀한 선이 뭉개지기 쉽다
HY신명조	명조체는 세밀한 선이 뭉개지기 쉽다

명조체는 세밀한 선이 희미해지기 쉽다. 특히 떨어져서 보면, 보기 어려운 경우가 많다.

프레젠테이션에서 사용하는 영문서체는 산세리프 계열의 글꼴이 적합하다.

···› 31페이지 참조(화보)

| Tip & Tip |

프레젠테이션에 적합한 글꼴은?

빔 프로젝트를 투영했을 때 가시성이 좋은 산세리프 계열(글씨 끝에 장식이 없는 서체, 반면 세리프 계열은 꺾임이 있는 서체임) 즉 자음, 모음에 삐침이 없고 획이 굵은 고딕체가 좋다. 아울러 제목으로는 휴먼서체(휴먼견고딕, 휴먼태엑스포 등)나 한양서체(HY헤드라인M, HY견고딕 등)처럼 폭이 굵은 서체를 사용할 것을 권한다.

색이 지닌 심리적 효과를 알아 두자

색에는 각각이 지닌 의미가 있다. 프레젠테이션에 사용할 색을 결정할 경우, 이 효과를 알아두면 금상첨화다.

색이 지닌 심리적 효과

슬라이드에 사용할 색은 가독성을 고려할 때 가장 중요한 요소이지만, 심리적인 효과도 간과할 수 없다.

꽤 오래 전이지만, PC로 작업을 진행할 때 생기는 피로에 대해 취재한 적이 있다. 예를 들어, 아주 붉은색 계열의 화면에서 작업을 하면 정신적인 피로가 극심하다고 한다. 화려한 PC 화면을 보고 '눈이 피로하다' 라고 말하는 사람이 자주 있지만, 보통은 눈보다도 먼저 정신적으로 피로해진다.

상상했던 것이다

기본적으로 색이 지닌 효과는 상상하던 것과 거의 비슷하다. 적색이나 노란색은 정신적으로 고조되는 난색계이고, 녹색은 치유의 한색계로 생각하면 틀림없다. 보다 자세히 알고 싶다면, 타카사카高坂 씨의 취재 내용을 참고하기 바란다.

색의 효과는 얼마만큼 기대할 수 있는가?

이전에 적색과 흰색의 줄무늬를 바탕으로 한 프레젠테이션을 경험한 적이 있다. 수년 전의 일이지만, 아직도 강렬한 이미지로 남아있다는 사실에 놀라곤 한다. 취재 과정에서 색에 의한 심리적 효과를 측정하는 방법은 발견해내지 못했지만, 색조를 고려해서 결정하는 작업이 그다지 힘든 것도 아니므로 도전해볼 가치가 충분히 있다고 생각한다.

색이 지닌 심리적 효과에 대하여

저명한 컬러 컨설턴트인 타카사카씨에게 색이 가진 심리적 효과에 대해 문의했다. 물론 프레젠테이션에 관한 내용이 중심이다. 색에 대한 지식이 없는 일반인이 느끼는 소박한 의문을 약간의 공부만으로도 효과가 있도록 내용을 구성했다.

Profile : **타카사카 미키**高坂美紀

1956년 생. 컬러 컨설턴트. 주식회사 HEARTS의 대표이사. 사장비서, 카피라이터 등을 거쳐 1984년에 컬러 컨설팅 회사 '주식회사 HEARTS'를 설립. 패션컬러 제안, 상품개발을 위한 컬러 제안, 자유기고가로도 활약 중. 저서로 『NEW건강법 색을 입고, 먹고, 바르고, 보는 토탈 컬러 힐링 2000년』(중앙아트출판사) 등이 있다.

Q | 종이와 모니터는 다릅니까?

종이 위에서의 표현과 모니터를 비교하는 경우, 기본적으로는 동일합니다. 예를 들면 적색과 청색이 사람의 눈이나 기분에 미치는 영향을 비교한다면 동일하게 되겠지요.

단, 빛나는 정도가 증가할수록 사람에게는 매력적으로 비춰집니다. 빛나는 것일수록 흥분하는 정도가 올라가는 것입니다. 유리는 아닙니다만, 빛나는 것과 빛나지 않는 것이 있으면, 빛나는 쪽으로 끌리기 마련입니다.

Q | 매력적으로 보이기 위해서는 어떻게 하는 것이 좋을까요?

사람의 눈은 2개의 과정으로 사물을 판단합니다.

하나는 명암 반응이라는 것으로, 밝은지 어두운지를 뜻합니다. 그곳에 물체가 있다는 확증을 얻기 위해 가장 기본적이고 중요한 것이므로, 우선 그 점을 판단하려는 습관을 가지고 있습니다. 그러므로 세밀한 색 배합이 어쩌고 저쩌고 하기 전에, 우선은 절제나 밝기의 대비에 주목하기 쉬운 것입니다. 종이 매체나 모니터 상에서도, 하얗고 밝은 것과 검고 어두운 것이 동시에 표시되면, 그 경계선을 쉽게 인정해서, 주변으로 의식이 가버리는 경우가 있습니다.

단, 화면에서 볼 때는 인쇄매체보다 빛이 주위로 확산된 느낌이 듭니다. 예를 들어, 검은색 바탕에 문자 부분이 흰색으로 되어 있다고 합시다. 인쇄매체의 경우에는 제대로 인쇄됩니다만, 화면에서는 각도가 넓어지거나 해서 문자 등이 찌그러져 보일 경우도 많겠지요.

보이는 색이나 대비에 의해 문자의 감도가 변하는 것이 나머지 하나의 과정입니다. 실험해본 적이 있습니다만, 흰색 배경에 검은색 원통을 표시해서 시력을 검사합니다. 이 시점에서 시력이 1.2였던 사람이, 흑백을 반전시켜 검은색 배경에 흰색 원통을 표시하면 순간적으로 1.5 정도까지 시력이 상승하는 것입니다.

그 이유는, 사람이 어두운 곳에서 열심히 색을 보려 하는 성질이 있기 때문입니다. 자신의 능력을 상승시켜서라도 진지하게 이해하려 하는 본능이 있는 것이지요. 그렇기 때문에 검은색 바탕에 흰색을 배치한다는 것은, 정보를 매력적으로 보이게 하며, 또한 진지하게 읽게 하는 안배가 되는 것입니다.

Q | 검은색 배경에 흰색 문자로 하면 되는 거로군요?

그렇지만 전체를 그렇게 해버리면, 반대로 피로를 느끼게 됩니다. 반응이 높은 상태는 계속해서 유지되지 않습니다. 예를 들면, 배경이 검은색이라 해서 눈에 띄는 흰색이나 노란색을 지나치게 사용하면 상당히 지치게 됩니다. 이 두 색은 서로 피로해지는 색입니다. 몇 페이지가 높은 대비 상태로 연속되면, 결국에는 신경이 피로해져 멍한 상태로 보게 되거나 옆에 있는 다른 것들을 보게 됩니다.

Q | 사람은 얼마동안 지치지 않고 보고 있을 수 있을까요?

실제로 실험한 것은 아닙니다만, 지치지 않고 보게 한다는 관점에서 생각하면, 10분 이내에 끝내는 것이 좋다고 생각합니다. 평범한 이야기라면 50분 정도는 가능하고, 어린이의 경우에도 25~40분은 견딜 수 있습니다만, 프레젠테이션은 상황이 다릅니다.

단순한 이야기가 아니라, 화면을 보면서 진행하는 것이므로, 세세한 문자나 차트가 계속해서 머리 속으로 들어오게 됩니다. 그 중에는 트집을 잡으려는 생각으로 보고 있는 사람도 있을 것이고, 확실히 보지 않으면 엄청난 일이 벌어지지 않을까 걱정하는 사람도 있고, 그리고 집중해서 보는 사람도 있을 것입니다. 즉, 상당히 세세한 요소도 필사적으로 보고 있는 것입니다. 긴장감이 연속되는 상태에서 보는 것이므로, 10~15분 정도 사이에 집중적으로 진행해야 한다고 생각합니다.

Q | 그럼 중요한 대목은 어떻게 제작하는 것이 최선입니까?

전체가 10컷이라고 한다면, 우선 두 번째나 세 번째 정도의 전반에 중요한 내용을 배치하고, 마지막 여덟 번째나 아홉 번째 정도에 다시 중요한 내용을 배치하는 형태가 최선이겠지요. 마치 저녁을 먹고 있는 사이에 디저트가 나오는 것처럼 말입니다.

Q | 화면상에서는 흑백이 최선입니까?

푸르키네Purkinje의 이론입니다만, 화면상에서는 색이 바뀝니다. 즉 보고 있는 색의 색감이 변하는 것입니다. 어느쪽이냐 하면 '야간 모드'에 가까운 기능이 작동하는 것입니다. 매력적으로 보이던 색이 검은색에서 남색으로, 남색에서 청색으로, 청색에서 하늘색이란 형태로 변해가는 것입니다.

그 이유는, 밝은 사물을 보고 있을 때나 빛을 보고 있을 때는, 주변을 어둡게 느끼기 때문입니다. 사람의 습관상, 빛나는 것을 계속 보게 될 기회는 밤이 많습니다. 인류의 역사상, 별이나 네온사인을 보아온 체험이 많은 것입니다. 인간의 생리기능상, 화면을 계속 보고 있는 것은 '의사적 야간 모드'라고 생각합니다.

약간 어두운 환경에서는, 시각의 절대감도라는 가장 느끼기 쉽고 예민한 부분이 변화하는 것입니다. 평상시의 밝은 '주간 모드'에서는 노란색이나 황록색에 비슷한 색이라면, 이것이 파장이 짧은 연한색으로 됩니다. 구체적으로 말하면 황록색보다는 청록색, 녹색보다는 청색이나 보라색, 보라색을 엷게 하면 이번에는 핑크색으로 느껴집니다. 이런 색, 즉 핑크나 엷은 청색, 청록색을 매력적으로 느낄 것입니다.

주변의 상황	매력적으로 보이는 색
밝다	황색, 황록색
어둡다	핑크, 엷은 청색, 청록색

어둑어둑한 저녁 때가 되면, 붉은색 물건이 잘 보이지 않는 경험을 한 적은 없습니까? 평범한 사람의 눈은 555nm 나노미터에 근접하는 파장에 대한 감도가 가장 좋습니다. 555nm란 것은 황색과 녹색 중간의 파장입니다. 그런데 저녁 때처럼 어둑어둑한 상태가 되면, 이 감도가 파장이 짧은 쪽(청색 계통)으로 벗어나게 되는 것입니다. 그래서 저녁에는 청색이 선명하게 보이고, 적색계통은 칙칙하게 보이게 되는 것입니다. 이 효과를 처음으로 발견한 체코의 푸르키네Purkinje 입니다.

- 무나카타 요시노리宗像義教 일본 주부 대학中部大學 공학부 조교수의 사이트에서 인용
(http: // g 3400. nep. chubu. ac.jp/onsenkids/travel/relay/beseen.html)

Q | 색을 빈번하게 바꾸는 편이 좋을까요?

중심이 되는 색을 바꿀지 어떨지는 내용에 따라서도 좌우됩니다. 내용에 큰 변화가 있다면 바꾸는 편이 좋겠지요. 하지만 심리적인 효과와 겹쳐지는 부분이 있으므로, 동일한 주제에 관한 보충설명이나 응용, 네이밍 등을 설명하는 경우에는 바탕을 크게 바꾸지 않는 편이 좋겠지요.

Q | 색 수는 얼마만큼 사용하면 됩니까?

예를 들면, 엷은 자청색과 짙은 자청색을 하나의 색으로, 즉 엷은 색과 짙은 색은 하나의 색이라 생각하기로 합시다. 그리고 흰색을 제외한 3색 이내로 제한하면 될 것입니다.

Q | 슬라이드를 제작할 경우에는, 항상 세 가지 색이 들어가는 편이 좋을까요?

그럴 필요는 없습니다. 예를 들면, 3색 더하기 흰색, 또는 2색 더하기 흰색 등을 사용할 경우, 2장 이상만 간격이 벌어지지 않게 동일한 배색으로 계속 돌아오면 '계속되고 있구나' 라는 안도감을 주게 됩니다.

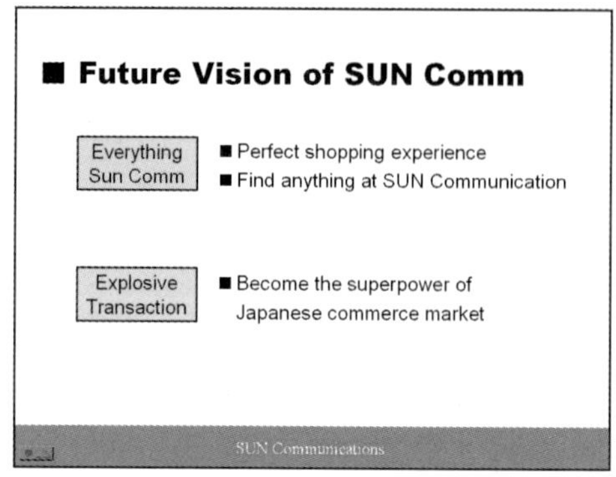

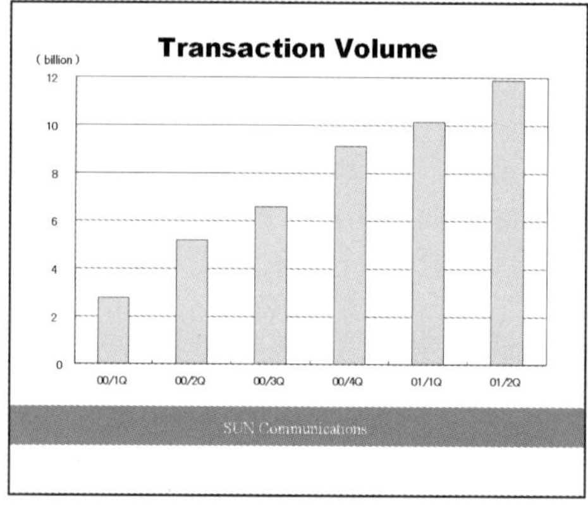

서식을 개조해서 이용할 경우에도 공통의 색을 사용해서, 연속되는 인상을 연출하는 것이 중요하다

···› 26페이지 참조(화보)

Q | 배경이 고민됩니다만 …

특히, 청색계와 보라색계를 바탕색으로 배치하면 보다 민감하고, 높은 센스, 세련되고 지적인 인상이 강해집니다. 색의 면적이 많을수록 지적인 이미지를 줍니다.

역으로, 배경을 흰색으로 하면 솔직한 인상을 줍니다. '저는 프로, 당신들은 초보자입니다' 라는 이미지가 아니라, '이번 것은 초안이니까, 함께 의논해 봅시다' 라는 건방지지 않은 솔직한 이미지를 심어줄 수 있습니다.

Q | 초보자의 경우는 어떻게 할까요?

익숙해지면 흰색이 아니라 베이지 색이나 크림 색으로 할 수도 있습니다. 하지만, 익숙해지기 전에는 복잡한 대비 때문에 실패할 확률이 높습니다. 왜냐하면 이쪽을 완성하면 저쪽이 무너지고, 저쪽을 완성하면 이쪽이 무너져서 밸런스를 잡기 힘들기 때문입니다.

그래서 처음에는 흰색 바탕이나 짙은 색을 바탕으로 하고, 점차 익숙해지면 미묘하게 밝지만 흰색은 아닌 색 또는 어둡지만 청색 일변도가 아닌 색 등의 형태로 바꿔가는 것이 좋겠지요.

Q | 추천하는 색은?

가장 좋은 색은 자청紫靑색이라고 생각합니다. 신비감이 있으면서도 이론적으로 보이는 면이 있어서 이미지와 이론의 밸런스가 좋습니다. 끌리기 쉽다고 할까, 같은 말을 해도 수준 높게 느껴지는 경우가 많습니다.

프레젠테이션을 받는 측은 남성이 많은 경우가 대부분이라고 생각합니다. 뇌의 활동은 남녀가 다른데, 청색을 사용하면 좌뇌와 우뇌의 균형을 잡을 수 있습니다. 즉, 이미지에 뛰어나고 이성적인 면도 자극합니다. 그래서 업무에 활용한다면 상당히 편리합니다. 남성은 청색에 대해 긍정적이고 호의적으로 대부분 생각합니다. 게다가 청색은 집중력을 환기시키는 색이므로, 청색을 보여줄수록 현재 화제로 삼은 내용에 집중할 수 있습니다.

무엇보다 숫자에도 집중할 수 있으므로, 반대의 의미에서는 함정이 될지도 모릅니다. 즉 지나치게 엄격히 판단해서, '의미가 없다'라고 지적당할 가능성도 생기게 마련이죠. 어쨌든 내용에 자신이 있는 프레젠테이션, 근거가 확실히 확보된 프레젠테이션이라면 자청색을 추천합니다.

Q | 청색만으로는 효과가 약하군요

청색만으로는 단조롭다는 생각이 든다면, 부가적으로 배치한다는 의미에서 청록색은 어떨까요? 잎사귀처럼 단순한 녹색으로 처리하면 무겁고 둔한 이미지가 연상할 수 있습니다. 또한 이것이 프레젠테이션에서는 큰 문제입니다만, 녹색을 지나치게 보여주면 상대방이 망설이게 됩니다. 심리적으로 결단력을 둔화시키는 색이기 때문입니다. 녹색은 '완료되지 않음, 애매함, 분위기에 끌려감, 믿음직스럽지 못함, 자연스럽지만 연약함' 등의 이미지가 지배적입니다.

Q | 여성 지향의 색은 있습니까?

여성에게는 보라색이나 핑크색이 높은 지지를 얻을 수 있습니다. 자청색에도 보라색이 포함되어 있으므로, 자청색도 괜찮습니다. 남성은 '견고한 느낌을 준다'라는 이유로 자청색을 지지하지만, 여성은 로맨틱하게 느끼는 것입니다.

어쨌든 호감을 받을 수 있으니까 문제는 없겠지요. 남성을 대상으로는 손쉽게 사용할 수 있고, 여성을 대상으로 했을 경우에는 공식적인 장면에서 효과적이라고 생각해 주십시오.

Q | 검은색이나 적색 등 짙은 색의 조합은 어떻습니까?

심리적으로 무거워지므로, 중간에 흰색을 넣거나 하는 편이 좋겠지요. 검은색과 흰색의 조합이라면 별문제는 없습니다만, 검은색의 면적이 지나치게 크지 않아야겠지요. 그리고 문자의 경우는 투영했을 때 뭉개짐이 없도록 주의하시기 바랍니다.

Q | 흑적색黑赤色이나 흑청黑靑色은 사용하지 않는 편이 좋을까요?

흑적색이나 흑청색을 반복하다 보면, TV 게임을 계속하는 것과 비슷한 상태가 됩니다. 긴장감이 상승해서 공격적으로 되겠지요. 공격성을 갖게 되면, 결점을 찾아내서 트집을 잡으려는 성향이 나타납니다. 검은색이 많고, 밝은 부분이 적색 등의 원색에 가까운 색으로 채워지면, 상대를 흥분시키는 효과가 생깁니다.

Q | 그 외에 추천할 만한 색은 없습니까?

색에 따라 뇌에 자극이 전달되는 장소가 다릅니다. 예를 들면, 노란색은 언어중추를 자극합니다. 즉, 언어에 대해 민감해지겠지요. 노란색 문자를 보여줌으로써, 다른 아이디어가 쉽게 떠오르는 경우도 있습니다. 모든 사고가 언어를 통해 이루어지는 이상, 이를 자극하는 것이 프레젠테이션의 활성화와 직결됩니다.

Q | 차트를 잘 보이게 하고 싶을 때는, 어떤 색을 사용하면 됩니까?

한마디로 정리할 수는 없지만, 핑크와 청색 중간의 밝은 색, 금색으로 보이는 노란색과 오렌지 중간의 색들이 좋지 않을까요? 예를 들어, 활발한 커뮤니케이션이라면 노란색, 재무관계라면 다갈색, 여성에게 어필하고 싶다면 핑크, 자연관계의 보전에 효과를 원한다면 황록색이 좋겠지요.

Q | 그럼 역으로 경쟁사 및 경쟁자를 나쁘게 보이게 하고 싶을 때는?

기본적으로는 톤을 낮춰주면 됩니다. 배경이 어둡다면 단순히 대상의 색을 밝게 하면 되겠지요. 배경이 밝다면 채도를 높이면 됩니다. 대상이 퇴색되는 듯한 느낌이지요. 예를 들면, 회색은 어떨까요? 무의미해서 가치가 느껴지지 않는 색입니다.

Q | 노란색은 문자엔 괜찮아도 배경으론 부적합한 겁니까?

바탕을 노란색으로 하면, 눈과 뇌와 마음이 모두 피로해집니다. 짧은 시간이라면 괜찮지만, 흰색 계통의 배경이 광범위하고 길게 계속되는 것은 좋지 않습니다. 흰색쪽으로 반응해 버리는 겁니다. 화면상의 흰색은 종이의 흰색 이상으로 피로해집니다.

도안이나 사진 등을 넣어 피로를 완화시키는 방법도 있습니다. 즉, 흐릿하게 만든 바다나 하늘을 배경으로 넣어서 피로를 분산시키면 됩니다. 채도를 낮춘 바다나 하늘, 산 등을 배경으로 배치하면 이상적입니다.

Q | 원포인트로 추천할 만한 것을 가르쳐 주십시오

구체적이기보다는 단편적인 것들입니다. 구름, 파도, 나뭇가지 사이로 비치는 햇살 같은 것이면 되겠지요. 예를 들어 녹색이라고 하면, 직선적이고 정확한 것은 피해야 합니다. 곡선적이고 불규칙한 것이어야만 합니다. 단, 명도의 차이가 심하면 집중력이 흔들리기 때문에, 지적하지 않은 부분으로 눈길이 가버릴 가능성도 있습니다.

예를 들면 '자세히 봤더니 숲이었다'라는 정도가 좋지 않을까요. 안개에 둘러싸인 산을 보는 듯한 느낌으로 말이죠.

Q | 단색은 부적절합니까?

단색은 기본적으로는 부적절합니다. 괜찮은 것은 엷은 청색, 청색, 감색 정도겠지요. 녹색을 단색으로 하면 상당히 인공적인 느낌을 줍니다. 청색을 단색으로 해도 인공적인 느낌입니다만, 이 경우엔 사람들이 포용하는 경향이 있습니다. 자연스러운 녹색을 프레젠테이션 화면에 표현하는 것은 어렵지요. 사람의 피부색을 사실적으로 표현해도 부자연스러워 보이는 것과 동일한 느낌이 아닐까 합니다.

Q | 녹색은 피해야 합니까?

의외로 껄끄럽습니다. 전체적으로 녹색을 사용한다면, 배너라던가 인덱스 정도로 제한해야 하겠지요. 단, 나뭇잎 마크를 넣거나 푸른 사과 마크를 단독으로 넣을 경우에는 예외입니다.

사람은 일단 녹색에 끌리는 성향이 있습니다. 고갈되어 부족하다고 느끼는 것이 대부분이므로, 가끔씩 사용하는 것치고는 유용한 색입니다.

Q | 배색은 어려운 것 같군요

물론 어려운 일입니다만, 우선 좌측의 법칙을 기억하면 됩니다. 사람은 좌측에 무게 중심을 두고 싶어하는 경향이 있습니다. 어두운 부분을 좌측에 배치하면 되겠지요. 보통은 심리적으로 안정되지 않으므로, 자연스럽게 그런 식으로 됩니다.

Q | 배색은 플러스와 마이너스 어느쪽에 사용하면 될까요?

예를 들면, '이 상품은 다른 것보다 조금 떨어지지만, 가격이 상당히 저렴하다는 점이 특징이다'라는 프레젠테이션을 진행한다고 합시다. 적색을 사용해서 강렬하게 저렴함을 강조하는 것, 또는 저렴하다는 점을 보완하기 위해 청색 등을 사용해서 고급스럽게 보이는 것 어느쪽이 바람직하다고 생각합니까?

정답은 기본적으로 청색이나 청회색을 중심으로 하면서, 포인트 부분에 밑줄이나 화살표로 적색을 사용하면 되겠지요. 면적 비율로 보면 1% 이하입니다. 양념처럼 작용한다는 의미에서 고추라고 부르는 경우도 있습니다만, 정말 작은 면적에서만 효과가 있으므로 커다랗게 사용할 필요는 없습니다.

Q | 가끔씩 홍백의 장막을 배경으로 한 프레젠테이션을 목격합니다만 …

그것은 지나치게 자극적이어서, 내용이 부족한 것을 채우려는 자세로 보여질 수 있습니다. 단, 프레젠테이션을 하는 사람이나 상품의 캐릭터가 축제처럼 떠들썩한 분위기라면, 그것도 그런대로 괜찮다고 생각합니다.

프레젠테이션에 쓸만한 색 목록

프레젠테이션에 효과적인 색의 사용법을 정리해 두었다. 효과의 강약을 고려하면서 배색을 결정해 가자.

대표적인 색의 의미를 숙지하자

타카사카 교수의 협조을 받아, 프레젠테이션에 사용할 기회가 많은 색의 의미를 리스트화 했다. 물론, 각 색을 조합하는 것이 단순한 문제는 아니지만, 색 사용에 갈피를 잡지 못할 때는 참고가 될 것이다.

적색

적극적으로 행동하게 하는 색. '계약해 주십시오' '이것밖에 없습니다' 라는 때에 사용하면 좋다. 단, 태도가 너무 강해서 미움 받을 수 있다는 단점이 있다. 흰색이 많으면 중화되는 효과가 있으므로 적당하다.

핑크색

여성 또는 성적인, 몸에 좋음, 건강 등의 의미가 다른 색보다 강하다. 상품 내용이 이런 의미와 관련이 있다면, 해당 페이지의 제목이나 도움말의 색인 등에 사용하는데 적합하다. 단, 받아들이는 쪽의 결정이 둔해지는 경우가 있다. 이를 방지하기 위해 보다 충실하게 설명해야만 한다.

오렌지색

밝고 활동적인 색. 흥분시키거나 도전적인 의사를 표현하는 장면에 적합하다. 어쨌든 해보자, 즐겁다, 간단하다 등의 활발한 이미지이다. 약점으로는 친숙해지기 쉬워 천박해 보일 수 있다. 고급스러운 느낌도 떨어진다.

노란색

즐겁다, 간단하다라는 이미지이지만, 유치하게으로 보일 수 있다는 점이 약점이다. 하지만 희망을 찾아낸다는 느낌을 준다. 뭔가 좋은 힌트가 있을지도 모른다고 생각하기 쉽고, 낙천적인 사람을 끌어들이기 쉽다.

녹색

자연스럽고 편안하며 부드럽고 섬세한 서비스라는 느낌을 준다. 단, 헤매기 쉬우므로 '잘 봤습니다. 감사합니다. 다음에 또 오겠습니다.' 라며 프레젠테이션이 그대로 끝나버릴 위험이 있다. 결단성이 떨어짐으로 결정적인 장면에 사용하기에는 부족할 것이다.

청록색

터키석이나 산호의 이미지를 떠올리기 바란다. 독립심을 고취시키며, 자연스러운 밸런스가 유지된다. 사고와 행동이 일치한다는 이미지로써 다양하게 활용할 수 있는 색이다. 로맨티스트에게도 쉽게 받아들여지며, 남녀 모두에게 좋은 인상을 주는 안전한 색이다.

약점은 당연히 밝은 색을 사용하게 될 것이므로, 주변에 옮은 청색이나 청색이 많으면 청록색을 사용하는 의미가 없어진다는 점이다.

청색

지적이고 정확한 정보, 신뢰, 높은 기술력 등 이미지를 담고 있다. 또한 남성적이며 공식적인 인상을 준다.

약점으로는 인간적인 맛과 부드러움, 자연스러움이 떨어진다. 청색을 넣은 상태에서 숫자만 많이 사용하면 인간미가 떨어진다. 이를 줄이기 위해서는 베이지색이나 연주황색, 오렌지, 핑크와 같은 색을 적절한 부분에 삽입하면 좋다.

보라색

신비, 미스터리, 아름다움, 절제미, 꽃과 같이 향기로운 이미지로 가장 여성적이다.

약점은 여성적이고 섹슈얼한 이미지가 지나칠 수 있다는 점. 미스터리는 수상함, 오컬트, 초현실적 등으로 받아들여질 가능성도 내포하고 있다. 종교적이며 보석류 등에는 상당히 유용하다. 정신이나 이미지에 호소하는 경우라면 효과가 있지만, 현실적인 데이터를 포함한 내용을 표현하는 데는 부적합하다.

디자인 서식의 추가 이용

파워포인트에 포함된 디자인 서식 중, 배경과 색 배합에 사용할 만한 것을 골라두자.

디자인 서식을 추가한다

파워포인트 서식은 초기 상태에 여러 개가 있지만, 추가를 통해 더 많은 서식을 사용할 수 있다. 화면 우측에 있는 슬라이드 디자인 작업창 제일 아래쪽에 있는 [다른 디자인서식]을 클릭해서 추가해 두자. 디스크를 삽입하라는 메시지에 따라, 오피스XP CD를 드라이브에 삽입하면, 더 많은 디자인 서식을 추가로 이용할 수 있다.

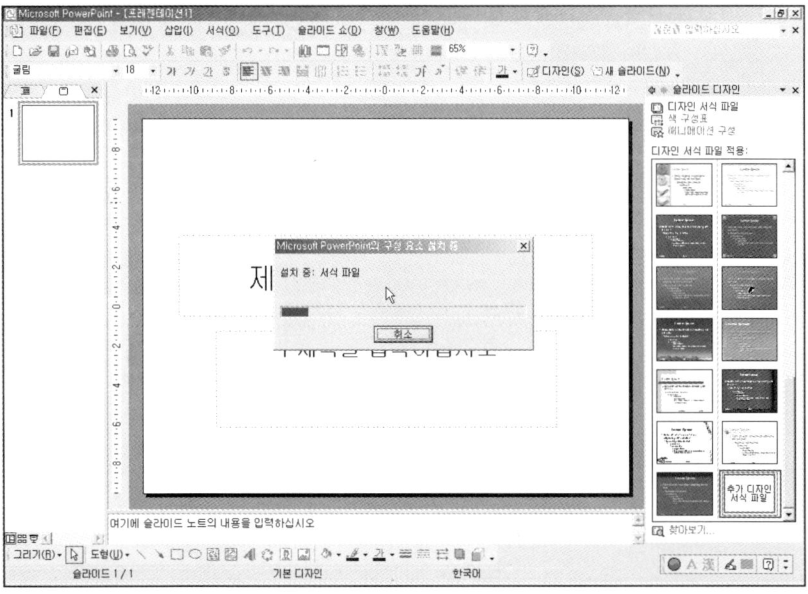

디자인 서식을 많이 등록하면 하드 용량을 많이 차지하지만, 요즘의 PC 용량이라면 문제없는 수준이다.

추천 디자인 서식

추천 디자인 서식을 패턴에 따라 소개한다. 물론 배색 조절에 따라 화려하게도 수수하게도 되지만, 여기에서는 초기 설정을 전제로 소개한다.

무난한 디자인 서식

무난한 디자인 서식이라면 어떤 때라도 기본적으로 사용할 수 있으므로, 슬라이드의 내용에 따라 강렬한 색을 넣거나 임팩트를 추가하여 사용할 수 있다. 거의 무형 서식에 가깝지만, 다소 무늬가 들어 있어서, 긴 프레젠테이션에서도 질리지 않게 하는 요소가 될 수 있다.

1. 청회색의 종이 모양(주름.pot)

종이의 주름 같은 디자인이 중앙 부분에 들어가 있다. 언뜻 심플해 보이지만, 가운데로 시선을 모으는 효과가 있다. 타카사카 교수가 추천하는 청회색 계열의 배색도 효과가 있다.

2. 흰색 바탕에 감색의 원포인트(모자이크.pot)

흰색을 기본으로 해서, 타이틀 주변에만 감색 원포인트가 들어 있다. 상당히 심플하지만, 백색의 무형 서식과는 달리 타이틀 주변을 스스로 디자인하지 않아도 되는 점이 좋다. 하부에 회사의 로고를 삽입해도 괜찮다.

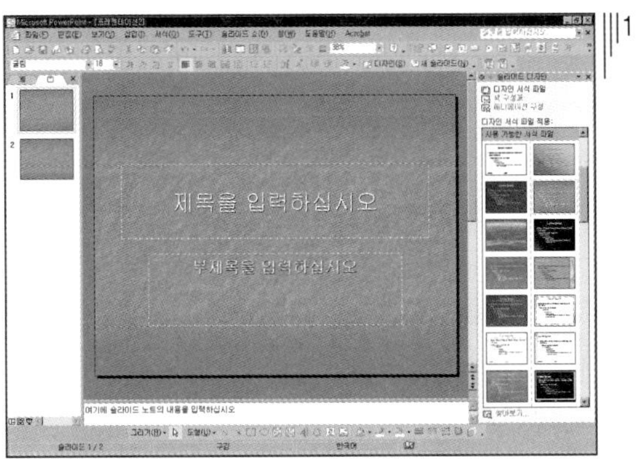

1

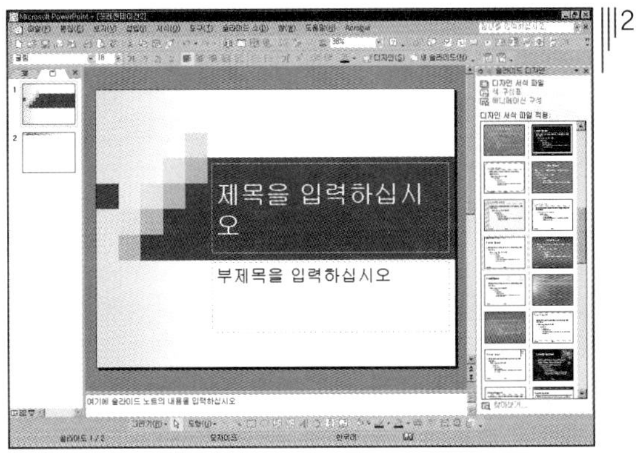

2

…▸ 13페이지 참조

떠들썩하게 홍보하는 프레젠테이션에 최적인 디자인 서식

상품이나 서비스를 줄기차게 홍보하고 싶을 경우에 추천할 만한 서식을 2가지 선택했다. 단, 장시간 이용하면 피로감을 줌으로 짧은 시간 집중이 최선이다.

1. 검은색 바탕에 청색의 그라데이션(궤도.pot)

전체가 검은색이고, 좌측 하단에 청색 그라이언트가 들어가 있다. 문자를 흰색으로 할 뿐 아니라, 밝게 만든 타이틀이나 상품 사진에 시선을 끌어 모으고 싶을 때 효과적이다.

2. 밤색에 미묘한 액센트(슬릿.pot)

전체가 짙은 밤색이다. 배색 기능으로 약간 색을 옅게 해도 괜찮다.

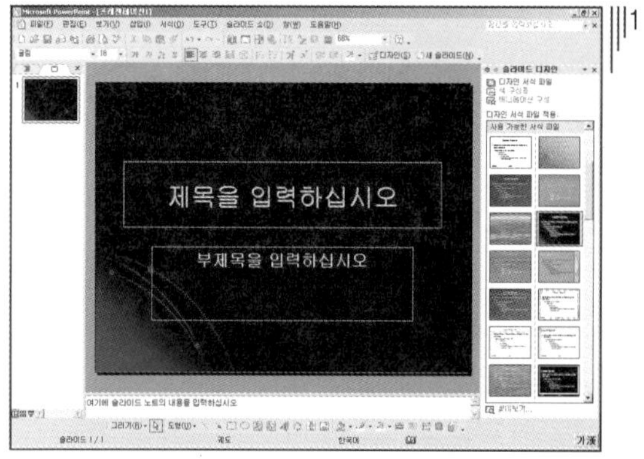

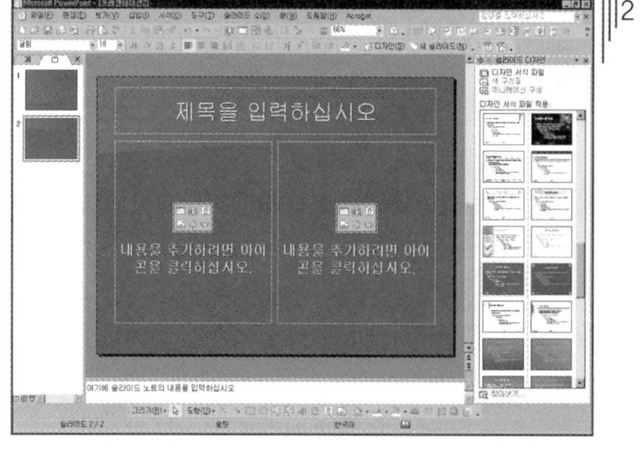

···▸ 14페이지 참조

온화하게 진행하고 싶은 프레젠테이션일 경우

너무 강하게 밀어붙이지 않고 온화하게 진행하고 싶은 프레젠테이션에 유효하며, 질문을 많이 유도하고 싶은 경우에도 효과적이다.

1. 녹색의 칠보 비녀(칠보 비녀.pot)

무늬가 약간 뚜렷하지만, 녹색의 칠보 비녀색 톤이 전체적으로 온화한 분위기를 연출한다. 결정을 유도하는 효과가 약하다는 점에 주의한다.

2. 녹색의 반원이 원포인트(월식.pot)

전체가 아닌 일부분에 녹색을 원포인트로 배치함으로써, 칠보 비녀보다 더 설명적인 분위기를 연출하고 싶을 때 효과적이다.

1

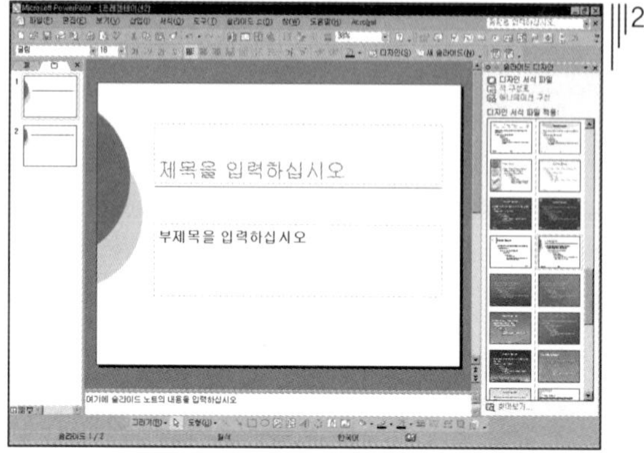

2

…▸ 15 페이지 참조

여성 지향의 서식

기본적으로는 핑크나 보라색을 중심으로 부드럽게 배색하기 바란다. 전체적으로 핑크색에 꽃무늬를 배합한 디자인의 서식도 있지만, 역효과가 날 수 있으므로 신중을 기하기 바란다.

1. 파스텔 톤의 풍선무늬(풍선.pot)

흰색이 중심이라 취급하기 쉽고, 거의 눈에 띄지않는 파스텔 톤의 풍선이 원포인트로 들어가 있다. 비주얼이 적고 문자가 많은 프레젠테이션에 적당하다.

2. 핑크색 배경의 꽃무늬(꽃무늬.pot)

여성 지향의 배색이긴 하지만, 지나친 감이 강하므로 유의해서 사용하자.

1

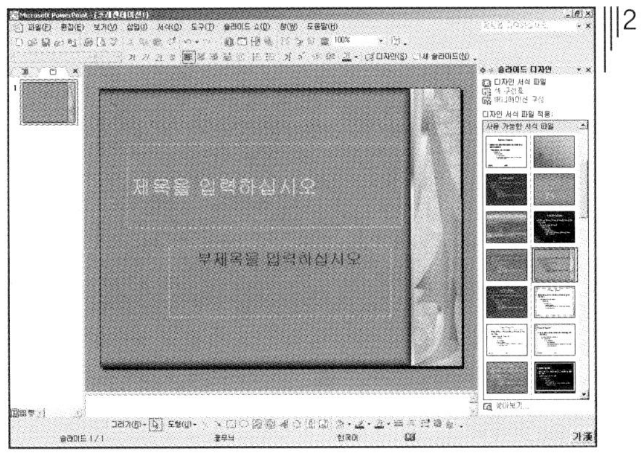

2

•••▸ 16 페이지 참조

Step 4

문자에 강해지자

슬라이드에 어느 정도의 문자를 넣어야 할지 생각해 본다. 또한, 문자의 최적 크기에 대해서도 생각해 보자.

문자를 지나치게 넣지 말자

프레젠테이션에는 문자를 적게 넣는다는 대전제가 있다. 긴 설명문을 넣는 사람일수록 초보자로 생각한다.

문자를 지나치게 넣지 않는다

대전제로, 슬라이드에는 문자를 지나치게 넣지 말아라. 이것은 감각으로 판단해도 상관 없지만, 지나치게 많은 문자가 들어간 슬라이드는 정말 보기 곤란하다. 게다가 이런 슬라이드가 몇 장이고 계속된다면 보고있는 것만으로 지쳐버린다.

프레젠테이션의 초보자일수록, 한 장의 슬라이드에 많은 문자를 넣고 싶어하는 경향이 있다. 슬라이드는 서류와 다르다는 사실을 항상 염두에 두자.

잘 되지 않을 경우엔 가급적 설명문을 넣지 않는다

아무래도 문자가 지나치게 들어갈 것 같으면, 설명문을 가급적 넣지 않도록 해보는 것도 좋다.

불안하다고 느끼겠지만, 프레젠테이션 자료에 문장은 필요치 않다. 조항과 일러스트, 타이틀 만으로 승부해야 하며, 설명을 하고 싶은 내용은 말로 하면 된다.

설명문을 넣고 싶으면, 발표용 메모로 확실히 정리해서 곁에 두면 된다. 문장은 말로 전달하는 것이 기본임을 숙지하기 바란다.

두 줄 이내로 결정해 버린다

설명하고 싶은 것이 아무리 많아도 조항으로 압축해 버리자. 익숙해지기까지는 한 줄이나 두 줄 이상의 문장은 사용하지 않기로 결정하면 된다. 여러 가지를 한 문장으로 표현하려 할수록 길어지기 마련이다. 포인트만을 뽑아내고 분할해서, 최대한 짧게 하는 것이 좋다.

가독성 높은 문자 크기를 알아 두자

아무리 대단한 내용의 프레젠테이션이라도 문자가 보이지 않으면 실패한다. 프레젠테이션을 무난하게 처리하기 위해 문자 크기를 알아 두자.

사람이 읽을 수 있는 문자 크기를 알아 두자

여기에서는 사람이 읽기 편한 가장 작은 크기의 문자를 판명하는데 주력했다. 읽을 수 있는 가장 작은 문자의 크기만 알고 있으면 나머지는 간단하다. 그보다 큰 문자라면 읽지 못할 걱정이 없는 것이다

이번의 검증에서는, 일본안과의회日本眼科醫會 총무담당상임이사朝廣眼科 토모히로朝廣씨의 도움을 받았다.

시력에 대해서

시력의 일반적인 개념은, 5미터의 거리에서 'C' 마크를 보는 방식을 기준으로 삼는다. 참고로 이 'C' 마크를 '란돌트 고리' 라 부른다.

시력 1.0이란 5미터의 거리에서 7.5밀리미터의 란돌트 고리를 볼 수 있다는 의미이다. 또한 시력과 거리는 반비례한다. 즉, 시력 1.0인 사람은 10미터의 거리에서 15밀리미터의 란돌트 고리를 볼 수 있는 것이다.

시력과 란돌트 고리의 관계

우선은 거리가 멀어질 경우의 시력과 란돌트 고리 크기와의 관계를 표로 만들어보았다. 예를 들어, 시력 1.0인 사람이 20미터로 멀어지면 약 30밀리미터의 란돌트 고리를 볼 수 있는 능력이 있다. 이 부분에서는 토모히로씨의 협조를 받았다.

● 란돌트 고리의 판독가능거리(시력과 란돌트 고리 크기와의 관계)

란돌트 고리 크기(mm)	시력						
란돌트 고리 크기는 직경으로 계산	0.1	0.5	0.8	1.0	1.2	1.5	2.0
7.5	0.5	2.5	4.0	5.0	6.0	7.5	10.0
10	0.7	3.3	5.3	6.7	8.0	10.0	13.3
15	1.0	5.0	8.0	10.0	12.0	15.0	20.0
20	1.3	6.7	10.7	13.3	16.0	20.0	26.7
30	2.0	10.0	16.0	20.0	24.0	30.0	40.0
40	2.7	13.3	21.3	26.7	32.0	40.0	53.3
50	3.3	16.7	26.7	33.3	40.0	50.0	66.7
100	6.7	33.3	53.3	66.7	80.0	100.0	133.3
150	10.0	50.0	80.0	100.0	120.0	150.0	200.0

단위(m)

시력과 문자 크기와의 관계

하지만 란돌트 고리는 어디까지나 시력검사용으로, 문자를 읽는 경우엔 두 배 정도의 크기가 필요하리라 예상한다.

표는 한쪽 눈으로 문자를 읽을 때의 데이터이지만, 실제로는 양쪽 눈으로 보니까 좀더 작은 크기의 문자도 보일 것이다. 양쪽 눈으로 보더라도 시력엔 변화가 없지만, 인식력은 향상되는 것이다. 단, 프레젠테이션 현장은 보기 곤란한 환경일 경우도 많으므로, 한쪽 눈에서의 데이터를 채택하기로 한다. 이하의 데이터는 프레젠테이션에서의 가독성을 고려해서 저자가 작성한 것이다.

어디까지나 참고적인 수치로써, 이 크기의 문자라면 보통은 읽을 수 있을 것이다. 구분하기 쉽도록 다음 페이지의 표를 A라 하자.

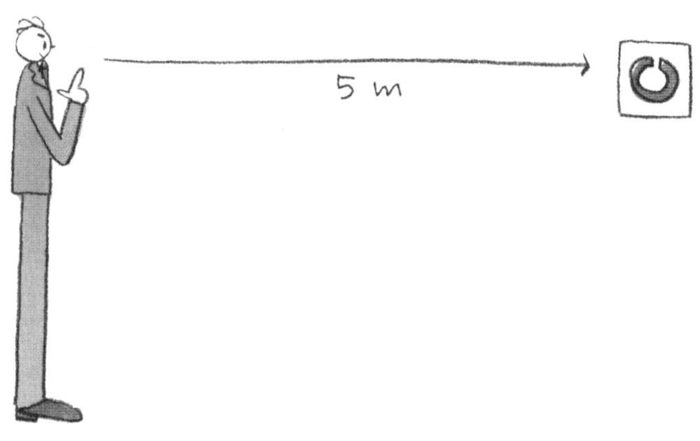

● 표A. 표시문자의 판독적정거리(시력과 문자 크기와의 관계)

문자 크기(㎜)	시력						
	0.1	0.5	0.8	1.0	1.2	1.5	2.0
7.5	0.3	0.3	2.0	2.5	3.0	3.8	5.0
10	0.3	0.3	2.7	3.3	4.0	5.0	6.7
15	0.5	0.5	4.0	5.0	6.0	7.5	10.0
20	0.7	0.7	5.3	6.7	8.0	10.0	13.3
30	1.0	1.0	8.0	10.0	12.0	15.0	20.0
40	1.3	1.3	10.7	13.3	16.0	20.0	26.7
50	1.7	1.7	13.3	16.7	20.0	25.0	33.3
100	3.3	3.3	26.7	33.3	40.0	50.0	66.7
150	5.0	5.0	40.0	50.0	60.0	75.5	100.0

단위(m)

현실적인 시력과 프레젠테이션

문자를 보여줄 경우를 고려한다면, 당연히 시력과 거리와의 관계가 성립된다. 프레젠테이션 발표 장소가 넓다면, 뒷자리의 사람은 문자를 읽기 곤란하다.

프레젠테이션 발표 장소의 길이는, 어지간히 큰 곳이 아닌 한 길어야 15미터 안팎일 것이다. 물론 최종적으로는 실제로 발표 장소의 크기를 측정해서, 읽기 쉬운 문자 크기를 판단해야 한다.

이제 참석자의 평균시력을 생각해 보자. 일본인의 평균시력에 대한 데이터는 없지만, 참고로 안경을 착용하지 않은 고등학생의 시력을 표로 제시한다. 0.7이하의 사람이 약 5할이나 있지만, 실제로는 안경이나 콘택트렌즈를 착용한 사람도 많다. 프레젠테이션 발표 장소에서의 시력을 고려하면, 적게 잡아도 0.8에서 1.0 정도로 생각하면 된다.

그렇다면 문자 크기는 10미터 떨어진 상태에서 최소 30~40밀리미터는 되어야 한다.

폰트 크기와 스크린 크기

프레젠테이션 자료를 작성하는 단계에서, 문자 크기를 어느 정도로 하면 프로젝터로 투영했을 때 잘 보일까? 이 점을 이해하지 않고 프레젠테이션 자료를 작성해 버리면, 발표 장소에서 테스트할 때 문자가 너무 작아서 곤란을 겪는다. 이번의 검증 결과를 근거로 참고 수치를 소개한다.

● 안경을 착용하지 않은 고등학생의 시력

구분		안경을 착용하지 않은 시력			
		계	1.0미만 0.7이상	0.7미만 0.3이상	0.3미만
고등학교	1970년	…	…	…	…
	1975년	45.97	…	…	…
	1980년	55.46	11.38	15.56	28.52
	1985년	51.56	11.13	15.37	25.06
	1986년	52.98	10.41	15.53	27.04
	1987년	53.42	10.45	15.67	27.30
	1988년	54.54	10.49	15.84	28.22
	1989년	55.81	10.53	15.81	29.46
	1990년	56.38	10.22	16.18	29.98
	1991년	57.54	10.34	15.88	31.32
	1992년	59.20	10.45	16.58	32.18
	1993년	61.89	11.24	17.18	33.47
	1994년	62.31	10.69	17.12	34.50
	1995년	61.80	11.29	17.16	33.35
	1996년	62.67	11.87	16.97	33.83
	1997년	63.18	11.67	17.31	34.20
	1998년	62.51	11.71	17.03	33.77
	1999년	63.31	11.12	16.76	35.44

일본 문부과학성-통계

빔 프로젝터에 대하여

빔 프로젝터에 대해서는 다음 장에서 자세히 설명하겠지만, 스크린 크기는 본체와 투영 위치의 거리에 따라 달라진다. 즉 뒤쪽으로 위치를 바꾸면 화면이 커지는 것이다.

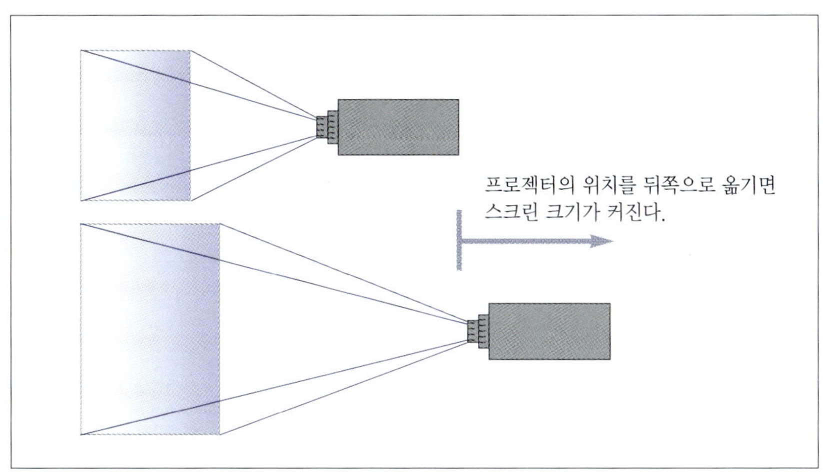

스크린 크기와 거리

스크린 크기를 크게 하면 거리가 먼 뒤쪽의 사람에게도 당연히 문자가 잘 보이게 된다. 단, 기종에 따라 밝기가 다르고 멀어질수록 어두워지므로 이용 가능한 거리에 제한이 있지만, 여기에서는 단순히 빔 프로젝터의 성능 등을 고려하지 않은 거리와 문자 크기의 관계에 대해서 검증한다. 하지만 좀처럼 정확한 데이터를 얻을 수 없었기 때문에, PC의 화면에서 지정한 포인트 수치가 투영할 때 몇 센티미터의 크기로 표시되는지, 실험을 통해 측정해 보았다. 문자에 따라 크기가 달라지므로, 미묘한 차이가 생긴다는 점은 이해하기 바란다. 또한 폰트는 MS Gothic이다. 이 표는 B라 하자.

이번 실험은 일본 세이코 엡손SEIKO EPSON 그룹의 협조를 받았다.

● 표B – 프로젝터 투영시의 폰트 표시 크기(스크린 크기와 폰트 크기와의 관계)

폰트 크기 (point)	스크린 크기(인치:inch)						
	30	40	60	80	100	200	300
40	35	47	70	70	117	117	117
36	30	40	60	60	100	100	100
32	25	33	50	50	83	83	83
28	23	31	46	46	77	77	77
24	20	27	40	40	67	67	67
20	15	20	30	30	50	50	50
18	12	16	24	24	40	40	40
16	11	15	22	22	37	37	37
14	10	13	20	20	33	33	33
12	8	11	16	16	27	27	27
10	7	9	14	14	23	23	23
8	6	8	12	12	20	20	20

단위(㎜)

현실적인 문자 크기

앞 페이지에서 소개한 A, B 두 개의 표를 조합해 보면, 적절한 문자 크기를 파악할 수 있다.

우선은 발표 장소의 가장 뒤에서 스크린까지의 거리를 측정하자. 만약 10미터라면, 표 A에서 시력 1.0인 사람은 30밀리미터, 0.8이라면 40밀리미터의 문자 크기가 필요하다는 것을 알 수 있다.

계속해서 표B를 살펴보자. 우선 스크린 크기를 결정한다. 만약 60인치라 한다면, 표에서 문자 사이즈가 40밀리미터 이상이 되는 것은 24~28포인트 이상의 문자이다. 만약 28포인트의 문자 크기가 슬라이드에서 너무 크다고 느낀다면, 스크린 크기를 늘리면 된다. 빔 프로젝터의 위치를 뒤쪽으로 옮기면 80인치를 사용할 수 있을 것이다. 이렇게 하면, 20포인트 정도로도 가능하게 된다.

문자를 보이게 하기 위해서는 파워포인트 상에서 문자 크기를 크게 하거나, 스크린을 크게 하는 두 가지 방법밖에 없다. 스크린 크기에는 당연히 한계가 있으므로, 슬라이드의 문자를 사전에 크게 조절해 두면 된다.

파워포인트의 문자 크기를 알아 두자

파워포인트의 서식에 지정되어 있는 문자 크기를 체크해 두자. 대부분의 디자인이 타이틀에 44포인트, 보다 작은 조항 부분도 28포인트로, 의외로 문자가 크게 설정되어 있음을 알 수 있다.

계산해 보면, 28포인트의 문자에 스크린 사이즈를 60인치 이상으로 하면 40밀리미터의 문자가 된다. 즉, 10미터 후방의 사람이라도 여유 있게 볼 수 있다.

서식을 분석해 보면, 문자 크기는 28, 32, 44포인트로 설정되어 있다는 것을 알게 된다. 28포인트라면 적당한 크기이므로, 웬만한 특수한 구조(좌우로 넓은 경우 등)의 발표 장소가 아니라면, 수십 명 규모의 프레젠테이션 정도까지는 무리 없이 감당할 수 있다.

직접 문자 크기를 변경할 경우, 그래프나 표 안에 작은 문자를 넣을 경우에는 특히 주의하기 바란다. 20포인트 이하는 상당히 보기 곤란하다고 생각하는 편이 좋다.

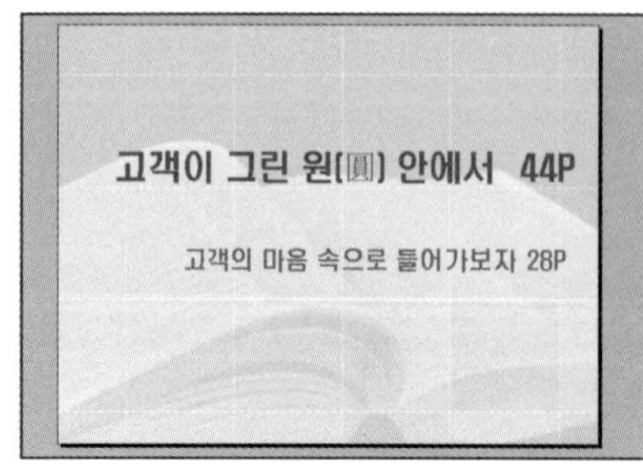

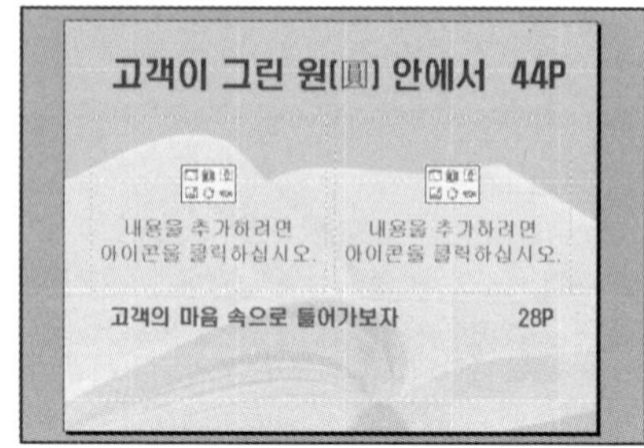

문자의 크기가 28. 32. 44 포인트 정도면 수십 명 규모의 프레젠테이션 정도까지는 문제가 없다. 다만 그래프나 표 안의 작은 문자의 경우는 주의하여 조절하자.

…→ 32페이지 참조(화보)

스크린 크기의 실제 크기

참고로 스크린 크기에 대해서도 다룬다.

스크린 크기는 TV와 동일하게 '인치'로 표시한다. 예를 들면 30인치, 100인치 같은 표기법이다.

투영 가능한 크기는 스크린의 크기에 따라 달라진다. 또한 빔 프로젝터 본체를 뒤쪽에 배치할 수 없으면 화면 크기가 작아져 버리므로, 책상 위에서만 계산할 것이 아니라, 발표 장소를 미리 점검해서 크기를 고려해 두어야 한다.

스크린 크기(화면 비율 4:3)	
	대략적인 크기(종x횡)
300인치	(6.1m×4.6m)
200인치	(4.1m×3.0m)
100인치	(2.0m×1.5m)
80인치	(1.6m×1.2m)
60인치	(1.2m×0.9m)
40인치	(0.8m×0.6m)
30인치	(0.6m×0.5m)

읽을 수 있는 문자의 양을 알아 두자

지금까지 읽기 쉬운 문자 크기에 대해 검증해 보았다. 계속해서 읽기에 적당한 문자의 양을 알아보자.

읽기 쉬운 문자량이란?

프레젠테이션에서는 슬라이드에 쓰여진 문자를 상대방이 읽게 해야 한다.

물론 구두로 하는 설명도 있으므로, 눈으로는 읽을 수 없어도 내용은 이해할 수 있을 것이다. 그러나 정보를 입력하는 채널이 많을수록 이해도가 향상된다는 사실은, 지금까지 누누이 강조해온 바이다. 구두로 설명을 들으면서, 한편으로는 읽어보게 하는 것이 중요하다.

읽기 쉽다는 기준은?

화면상에 몇 문자 정도를 게재하면 읽기 쉬운지, 각종 자료를 찾아보았다. 어떤 자료에도 프레젠테이션의 직접적인 기준이 될만한 내용은 없어, 아래 내용을 소개한다.

자막슈퍼Superimpose의 표시문자 수

일본 씨네아츠 사에서는 다음과 같이 표시하고 있다.

세로 표시 – 10문자 x 2행

가로 표시 – 13문자 x 2행

또한 자막을 제작하는 유한회사 HEATHER의 사장 오치아落合壽和씨는, "비디오에 들어가는 영화라면 14~15문자, 필름일 경우엔 가로는 12~14문자, 세로는 10~12문자입니다만, 통일된 규격은 없습니다"라고 한다.

프레젠테이션의 문자 수

자막슈퍼의 문자 수를 참고한다면, 설명 등 '읽어주길 바라는 문장'은 한 행에 12~15문자 정도로 압축해야 한다. 영화는 영상을 보면서 문자를 읽는 것이지만, 프레젠테이션의 경우엔 문자만을 보게 되므로, 자막보다는 읽기 쉬울 것이다. 그래서 12~15문자라는 결론을 내렸다.

파워포인트의 표준 서식은 문자 크기가 28포인트로 설정되어 있어서, 좌측 끝까지 사용하면 다소의 여백을 감안하더라도 18~22문자 정도가 들어가게 된다. 프레젠테이션에서는 슬라이드와 동시에 구두로도 설명하므로 단순히 보조적인 의미로 사용한다면 별 문제는 없지만, 상대방이 제대로 읽어주길 바란다면 12~15문자 정도로 압축하자. 서식으로 말하자면 표제 수준으로 압축해야 하는 것이다.

좌측 끝까지 사용한다는 전제로 문자 크기를 고려하면 40포인트 이상이 된다. 서식에서 기본값으로 설정된 문자는 너무 작은 것이다.

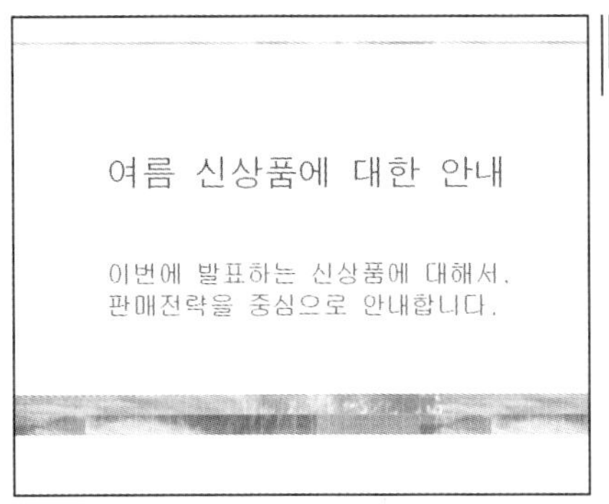

서식대로 작성. 표제는 괜찮지만, 부제의 문자가 너무 많아서 읽기 곤란하다.

여름 신상품에 대한 안내

이번에 발표하는 신상품에
대해서 판매전략을 중심으로
안내합니다.

문자를 크게 했다. 부제를 40포인트로 확대해서 잘 보이게 했기 때문에, 표제도 48포인트로 확대했다. 양쪽 모두 읽기 쉬워졌다.

…› 28페이지 참조(화보)

사람이 읽을 수 있는 문자 수

프레젠테이션 자료 작성에 있어서 사람이 1초간 몇 문자를 읽을 수 있는가, 또는 1초간 몇 문자까지 제시하면 읽기 쉬운가를 알아두어야 한다. 여기서도 자막의 경우를 참고하자.

1초 4 ~ 5문자(일본 씨네아츠 사)

"일반적인 기준은 1초당 4문자입니다. 예를 들면 샌프란시스코처럼, 어느 정도 알려진 지명이 포함된 경우에는 약간 많아지겠지요. 반대로 법정 영화처럼 기소, 고소, 입증, 입건 등 한자어나 설명적인 대사가 많이 나오는 영화는, 가능한 한 문자 수를 적게 하는 경우도 있습니다."

대사 1초당 최대 4문자(일본 영상번역 아카데미)

프레젠테이션에서 게시하는 문자 수

위의 글을 참고하면, 역시 1초간 4문자는 하나의 사례가 될 수 있을 것이다. 우선 슬라이드내의 문자 수를 세어보자. 내용을 이해시키고 제대로 읽게 하고 싶다면, 문자 수를 4로 나눠서 1초를 곱한다. 40문자라면 최저 10초는 필요하다.

단, 프레젠테이션의 경우엔 일반적으로 설명문이 많고, 상품의 고유명사나 한자어도 많아진다. 당연히 10~20%의 추가 시간을 감안해야 한다.

읽기 쉽다는 기준을 TV에서 취재

읽기 쉽다는 기준을 다방면에서 조사했지만, 프레젠테이션에 도움이 될만한 데이터는 좀처럼 찾을 수 없었다. 물론, 문자 수가 적고 문자 크기가 클수록 읽기 쉬운 것은 당연하지만, 적정 수치를 알아내야 하는 것이다. 그래서 TV의 패널 표시(플립)를 참고하기로 했다.

원래 TV는 동영상 미디어이지만, 최근의 뉴스나 버라이어티에서 자주 등장하는 패널은, 프레젠테이션과 동일하게 정지 영상의 정보를 짧은 시간 비춰

주게 된다. 경험자 측면에서 어느 정도의 문자 수가 적절한지, 또한 지도나 사진 등의 비주얼을 싣는 경우도 포함해서 취재해 보았다.

취재로 알아낸 것

TV와 프레젠테이션은 다르지만, 기본적인 부분에는 큰 차이가 없다. 프레젠테이션에서도 지금까지 예상했던 것보다 훨씬 더 많은 문자를 읽을 수 있는 있지만, 프레젠테이션은 TV보다 먼 거리에서 보는 경우가 대부분이다. 거실의 가까운 곳에서 화면을 보는 상황은 아니므로, 일단 주의를 기울여 여유 있는 문자 수로 배치해야 한다.

흥미로운 점은, 그때 그때 임의로 판단해서 결정하는 패널 표시가 효과적이라는 사실이다. 비즈니스 관련 프레젠테이션에서도, 지나치게 파워포인트에 의존할 필요가 있을까 하는 생각이 든다. 누구나 다 파워포인트를 사용하는 요즘이야말로, 소규모 프레젠테이션이라면, 커다란 종이에 슬라이드를 인쇄해서 사용해 보면 어떨까? 또한 기본 부분은 파워포인트로 진행하고, 결론만 화이트보드에 제시하는 등의 방법도 효과적일 수 있다.

Profile : 야마가타 켄니치(山形憲一)

주식회사 후지TV 미술제작국 미술업무부 타이틀 디자이너

Q | 방송에서 플립을 보여줄 때, 한 행의 문자 수가 정해져 있습니까?

예전에는 한 행에 10문자 이내로 3행 이내가 적당하다고 인식되어 왔습니다. 최근에는 TV의 화질, 특히 해상도가 향상되어 세밀한 문자도 읽을 수 있게 되어 그러한 인식은 사라져 버렸습니다. 또한 패널 표시의 크기는 B4의 변형인데, 이보다 두 배의 크기도 있습니다.

Q | 문자가 가득 담긴 플립도 있습니까?

도저히 다 읽을 수 없을 만큼 문자가 가득 담긴 패널 표시를 제작하는 경우도 있습니다. '우와, 대단하다' 라고 생각하게 한 다음, 일부분만을 주목하게 하는 것입니다. 이것은 읽게 한다기보다는, 눈에 확 들어오는 효과를 강조하기 위한 것이죠.

Q | 텔롭Telop을 포함해서, 문자의 수에 적절한 제한은 있습니까?

텔롭(프로그램 끝부분에 제작진의 이름 등을 담은 ending 부분의 자막)도 30년 전에는 12문자가 한계라고 여겼습니다만, 지금은 25문자쯤도 아무렇지 않게 넣고 있습니다. 노래의 가사 등은 두 줄로 넣는 경우도 있을 정도입니다.

예전에 TV 화면이 작았던 때에는 15~20문자도 읽기 어려웠지만, 현대의 TV는 당시의 것과는 비교가 되지 않는 높은 해상도를 지원합니다.

Q | 예를 들면, 경품 응모 주소 등은 어느 정도 보여줍니까?

상당히 짧습니다. 1~3초 정도겠지요. 하지만, 시간을 재 보면 꽤 길게 느껴집니다. 인기방송의 경우엔 시청자들이 타이틀 이름 정도는 알고 있기 때문에, 제시하는 시간이 좀더 짧아지기도 합니다.

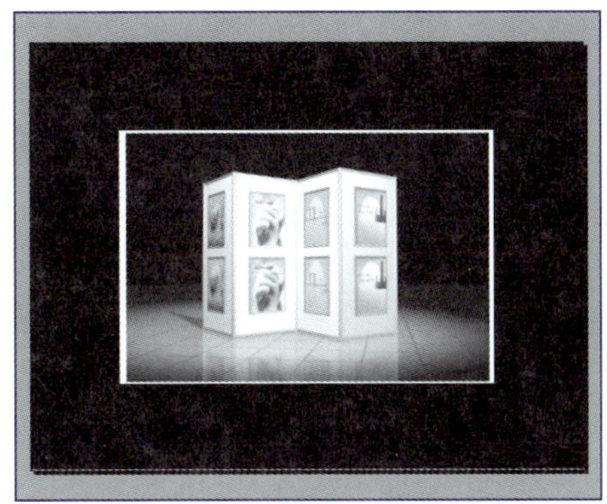

TV에서 사용하는 플립

Q | 지도나 차트 등은 어떻습니까?

그림, 그래프, 지도 등은 시간을 두고 설명하는 경우가 많기 때문에, 확실히 보게 된다고 생각합니다. 따라서 상당히 세밀한 문자도 넣어둡니다.

Q | 문자가 늘어나는 경향입니까?

아니오, 꼭 그렇다고는 말할 수 없습니다. 여담입니다만, 플립을 많이 사용한다는 것은 영상자료가 없는 경우가 대부분입니다. 원래는 영상자료를 보여주어야 하지만, 프로그램이 방영된 지 얼마 되지 않아서 축적된 자료가 부족하거나, 예산이 없다는 등의 이유로 사용하는 실정입니다.

Q | 자막 같은 텔롭도 있지요?

최근에는 방송의 대사를 텔롭으로 모두 처리하는 경우도 있습니다만, 보고 있으면 상당히 편합니다. 버라이어티나 뉴스에서 점점 그 사용이 늘어나고 있지요.

Q | 세밀한 문자도 보이나요?

예를 들면, 경마의 출마표에서는 출전하는 18마리의 정보를 그대로 인쇄해 버립니다. 표제가 있기 때문에, 20줄 정도가 됩니다. 하나의 문자는 상당히 작지만, 자신이 필요한 부분을 보는 데는 충분합니다.

Q | 서체는 고딕이 중심입니까?

기본적으로는 둥근 고딕체와 모난 고딕체를 자주 사용합니다. 명조체는 격조 높은 문자로 하고 싶을 때 자주 사용합니다.

Q | 흰색 문자가 많다고 느껴집니다만

제작처측의 기호일 수도 있겠지만, 확실히 흰색 계열이 많다고 생각합니다. 색에 관해서는, TV가 노란색이나 적색을 제대로 표현하지 못했던 시절의 습관이 이어져오는 것이겠죠. 지금도 TV에서 적색을 보면 약간 번져보입니다. 청색이나 녹색이 표현이 잘되는 이유로, 자연스럽게 사용할 기회가 늘어나는 것일지도 모릅니다.

Q | 종이를 떼어내는 것은 유행입니까?

뉴스방송 등에서 플립의 일부를 감추어 두었다가, 진행에 맞춰 싹 떼어내는 경우가 있습니다. 한순간 깜짝 놀라게 됩니다. 시선을 집중시킨다는 의미에서는 상당히 효과적입니다.

Q | 플립과 동일한 것을 컴퓨터 그래픽으로도 만들 수 있지요?

간단히 만들 수 있습니다만, 사람이 직접 조작함으로써 현장감이 생기고 수동으로 보여줌으로써 무게감이 더해집니다.

사람이 '여깁니다, 여기'라고 가리키는 것과, 영상에서 화살표가 점멸하는 것은, 완전히 효과가 다릅니다. 관심없이 보고있던 사람도 '어!'하고 다시 주목하게 되는 것입니다.

Step 5

애니메이션을 사용하자

최근의 프레젠테이션에서는 애니메이션을 사용하는 경우가 많다. 상당히 눈길을 끌지만, 과용은 금물이다. 효과적으로 사용하기 위한 밸런스를 알아 두자.

애니메이션을 사용해야 하는가?

우선 애니메이션의 필요성 여부를 가장 먼저 고려해 보자. 사람은 움직이는 것에 주목하는 경향이 있다.

애니메이션은 눈길을 끈다

우선, 애니메이션을 사용할 때의 플러스 요인을 고려해 보자.

사람은 기본적으로 움직이는 것에 주목한다. 이 점은 사람만이 아니라 동물 역시 동일하다. 애니메이션이 슬라이드의 내용에 시선을 끌어 모으는데 상당히 효과적이라는 점은 틀림없다.

또한 연출 효과를 발휘할 수 있다. 그래프 중 하나를 애니메이션으로 표시함으로써, 일일이 지시하지 않아도 자연스럽게 주목을 끌 수 있다.

세 번째 효과는, 질리지 않게 하는 점. 정지 화면만으로 프레젠테이션을 진행하는 것보다, 중간에 효과적으로 애니메이션을 추가함으로써, 신선한 기분으로 보게 할 수 있다.

애니메이션은 지치게 한다

하지만 반대로 마이너스 요인도 있다.

최대의 약점은 지나치게 사용했을 때, 지치게 한다는 점이다. 예를 들면, 슬라이드를 넘길 때마다 페이드인 시킨다면, 보는 쪽에선 성가시기만 할 뿐이다. 슬라이드를 넘기는 시점에서, 이미 동적인 조작을 수행하고 있다는 점을 잊지 말아야 한다. 이것은 파워포인트의 애니메이션 기능을 처음 사용해 본 사람이 범하기 쉬운 실수이다.

또한 타이틀 등을 계속해서 애니메이션시키면 유치하게 느껴진다. 예를 들어, 바운드나 회전 등 상당히 만화적인 타입은 절대로 사용을 피해야 한다.

적당히 사용해야 한다는 점을 염두에 두자

애니메이션 효과에 대해 확실히 알고 있지 않다면, 적당히 사용해야 한다는 점만 염두에 두자. 이것의 판단이 어렵다면 아예 사용하지 않는 편이 좋다.

페이지를 넘길 때의 애니메이션은 전혀 필요치 않다. 사용해도 되는 것은, 타이틀이나 강조하고 싶은 상품을 효과적으로 표시하기 위한 것들만으로 제한하자. 다시 말하지만, 빙글빙글 도는 등의 타입이 아니라, 심플한 효과만을 사용해야 한다.

파워포인트의 애니메이션을 설정한다

파워포인트는 '애니메이션 일괄지정' 기능으로 애니메이션을 간단히 설정할 수 있다. 하지만, 복수의 슬라이드에 한꺼번에 애니메이션을 설정하기 위한 기능이므로, 가능한 사용을 자제하자. 여기에서는, 스스로 생각한 포인트에만 애니메이션을 설정하는 방법을 소개하기로 한다.

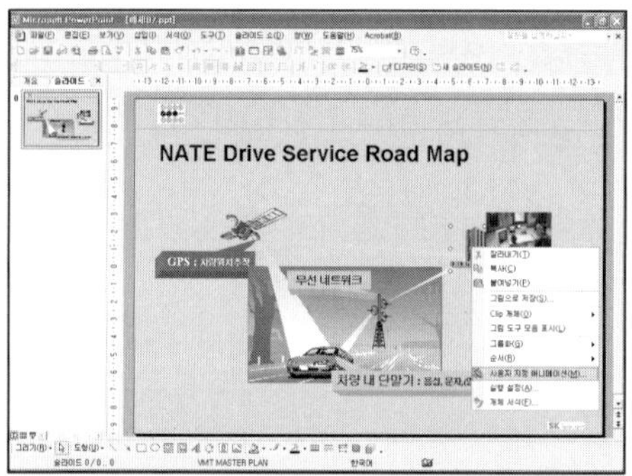

애니메이션을 설정하고 싶은 그림이나 타이틀을 선택한 후 마우스 오른쪽 버튼으로 클릭하고, [사용자 지정 애니메이션]을 실행한다.

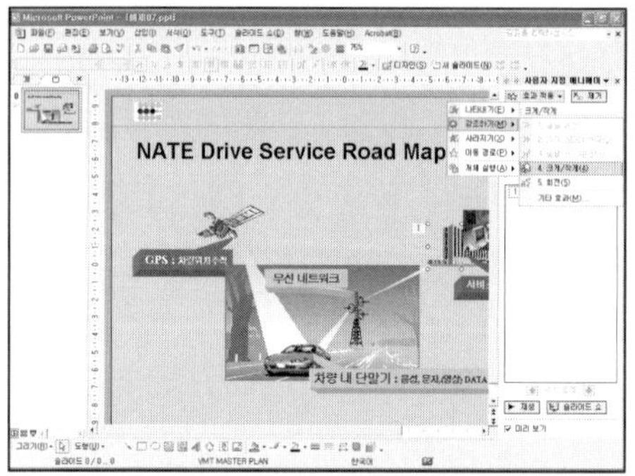

우측 작업창이 표시되면 [효과적용-나타내기] 버튼을 클릭한 다음, 마음에 드는 애니메이션을 선택한다. [나타내기] 이외의 애니메이션은 사용하지 않는 편이 좋다.

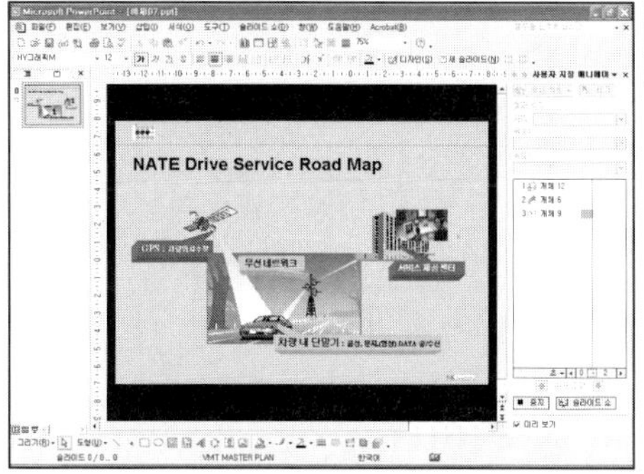

우측 작업창 아래쪽 [재생] 버튼을 클릭해서 테스트해 보자. 페이드라면 타이틀이나 그림의 색이 점점 짙어진다.

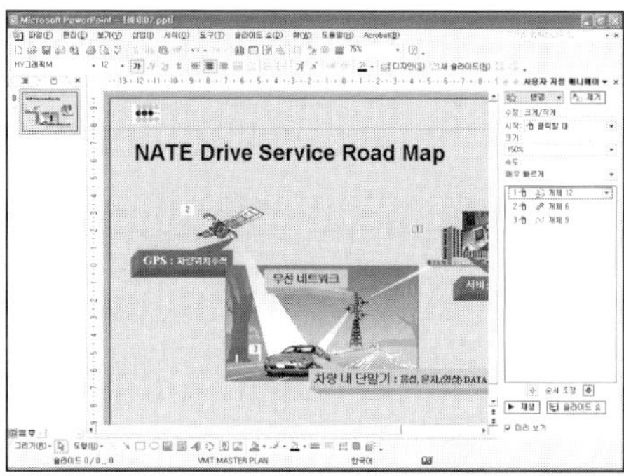

만약 효과가 마음에 들지않아 변경하고 싶을 때는, 박스 안의 [효과]를 일단 클릭해서 선택하고, 메뉴가 [변경]으로 변한 시점에서 다시 한번 작업한다. [추가] 상태라면 몇 가지의 애니메이션이 조합되어 버린다.

애니메이션 활용 주의점

애니메이션에는 효과음을 추가할 수 있지만, 프레젠테이션 발표 장소에서는 PC의 소리가 거의 들리지 않는다. 프레젠테이션에서 노트북을 이용할 경우에는 볼륨을 최대로 올려도 음량은 작을 수밖에 없다.

기본적으로 PC의 소리는 책상 위에서 작업할 때, 작업자 한 사람이 듣기에 적당하도록 만들어져 있기 때문에, 넓은 프레젠테이션 발표 장소에서는 전혀 들리지 않는다. 발표자의 목소리조차 마이크로 증폭하는 발표 장소에서, PC의 소리는 절대로 사용할 수 없다. 따라서 애니메이션에서 효과음을 사용하는 것은 무의미하다.

Step 6

배포자료를 인쇄한다

프레젠테이션 발표회장에서는, 필히 자료를 인쇄해서 배포하게 된다. 최근에는 프린터의 성능이 높아져서, 수 백장 수준이라도 굳이 인쇄소에 맡길 필요가 없다.

인쇄 레이아웃을 고려한다

프레젠테이션 자료를 작성하면 배포 자료도 한번에 완성할 수 있는 것이 파워포인트의 장점이다. 손쉽게 보기 좋은 자료를 완성하자.

작성할 인쇄물

프레젠테이션에서는, 발표 장소에서 자료를 배포하는 것이 일반적이다. 현재 거의 모든 경우에서, 화면에 투영한 슬라이드와 동일한 자료를 인쇄해서 배포하고 있다.

하지만 원래대로라면, 좀더 자세한 자료를 첨부해야 한다. 자료를 인쇄한 것만으로는 구두로 설명한 내용이 빠져 있으므로, 참석자가 가져가서 복습하거나, 발표 장소에 참석하지 못한 스태프에게 건네주면 필요한 내용을 완전히 전할 수 없기 때문이다. 만약 기획서 등이 있다면, 파워포인트의 인쇄물에 추가해서 배포해야 한다.

또한 자신이 발표하기 위한 대본도 인쇄해 두기 바란다. 이것은 발표시의 주의점 등을 메모해 두기 위한 자료로써, 혹시라도 발표할 내용을 잊었거나 했을 때 도움이 된다. 우선 파워포인트 파일이 완성된 시점에서 미리 인쇄해 두자.

발표용 대본을 인쇄한다

발표용 대본은 슬라이드 노트 기능을 사용하면 편리하다. 슬라이드의 하부에 코멘트 등을 입력할 수 있는 표시 기능으로, 많은 사람들이 이미 적절하게 사용하고 있다.

하부에는 여유 공간이 있으므로, 우선 발표 시에 말할 내용을 입력해 둔다. 이것을 읽으며 연습하는 동안, 말하는 법 등에서 여러 가지 첨삭할 부분이 생김으로, 빨간 펜으로 수정해가면 된다. 수정을 반복해서 최종적으로 발표 내용이 정해지면, 다시 한번 입력해서 완전한 대본을 완성시키자.

만약 기획서 등이 없다면, 이 형식에 상세한 정보를 입력해서 인쇄한 다음, 이를 배포해도 괜찮다.

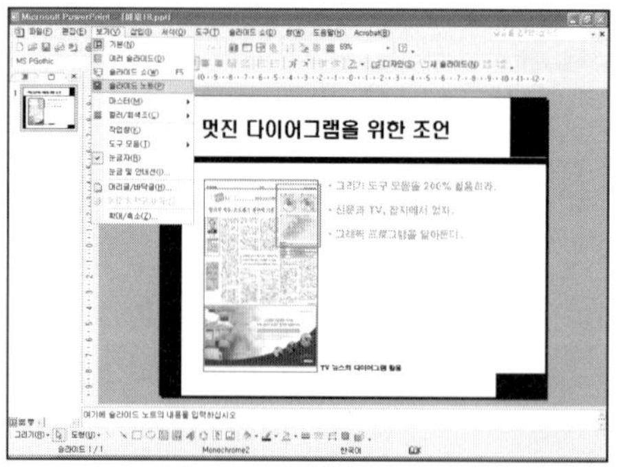

슬라이드 노트 기능을 사용하기 위해 [보기–슬라이드 노트] 항목을 선택한다.

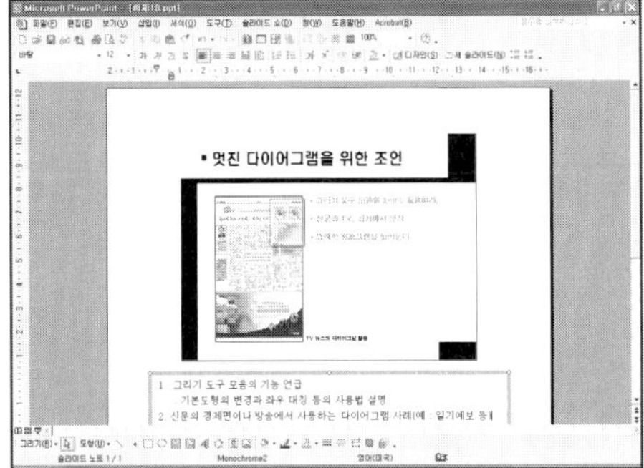

상부에 슬라이드가 표시되고, 하부에 발표할 원고를 입력할 부분이 생긴다.

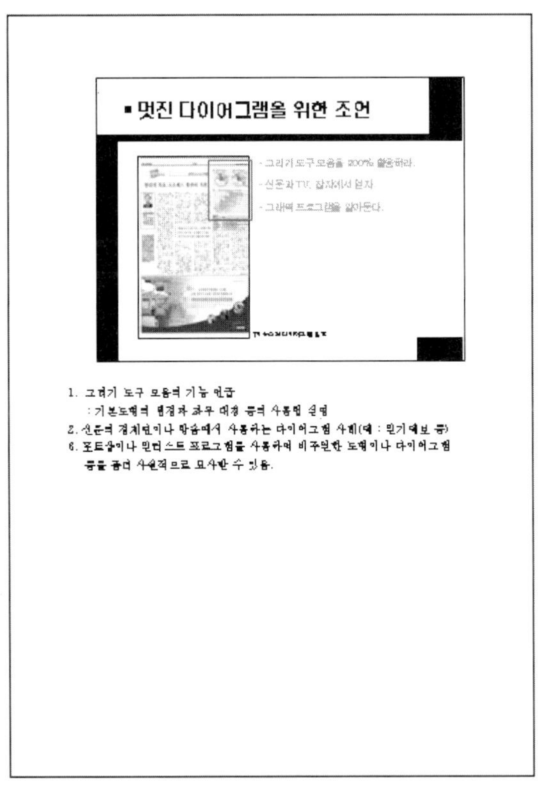

노트를 A4용지에 인쇄했다. 위쪽에 슬라이드가 표시되고, 아래쪽 공간을 대본이나 메모용으로 이용하고 있다.

배포할 슬라이드를 인쇄한다

슬라이드의 내용을 그대로 인쇄해서 배포하는 것도 일반적이다. 파워포인트는 간단한 설정으로 한 장의 용지에 1~9페이지의 슬라이드를 인쇄할 수 있다. 그럼, 배포 자료의 페이지당 슬라이드 수는 어떻게 설정하면 될까? 간단한 문제이지만, 배포 자료이므로 가독성을 최우선시 해야 한다. 또한 종이의 낭비도 고려해야 하며, 매수가 많아지면 참가자에게도 부담이 되기도 한다.

배포할 슬라이드의 적절한 크기

우선 가독성을 생각해 보자. 서식의 문자 크기를 고려하고, 빔 프로젝터 투영시의 가독성을 생각하면, 문자 크기는 대체로 28포인트가 최저일 것이다. 단순한 계산으로는 확실한 수치가 나오지 않지만, A4 용지 한 장에 슬라이드를 2매 인쇄하면 절반인 14포인트 정도의 문자가 된다. 이 정도면 충분히 읽기 쉬운 범위이지만, 4매의 슬라이드를 인쇄하면 7포인트 정도로, 문자가 작게 출력된다.

이상의 계산에서, 최적의 배포 크기는 A4 용지 한 장에 2매가 적당하다. 실제로 대부분의 프레젠테이션 발표 장소에서 A4 용지 한 장에 1~2매 인쇄를 경험적으로 사용하고 있다. 1매를 인쇄하는 것은 종이의 낭비이므로, 페이지당 2매로 변경하기 바란다.

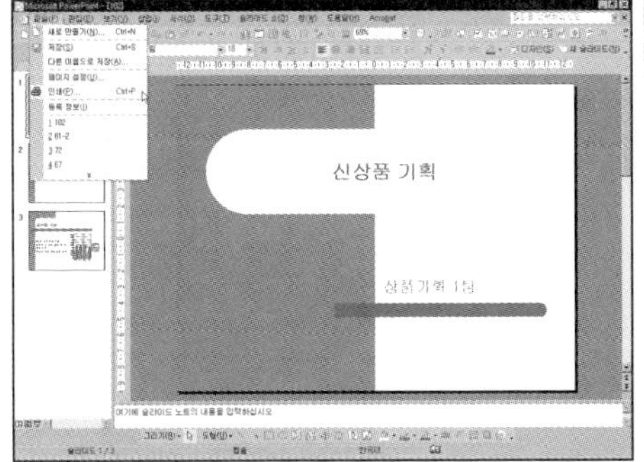

인쇄는 일반적인 프로그램과 동일하게 [파일-인쇄] 항목을 선택해서 실행한다.

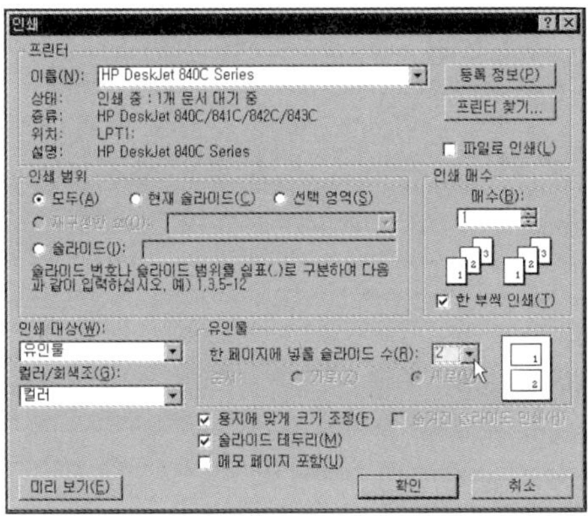

대화상자의 설정에 주의하자. [인쇄대상]을 [유인물]로 하고, [한 페이지에 넣을 수 있는 슬라이드수]를 2로 할 것. 흑백이라면 물론 [흑백으로 인쇄]에 체크한다.

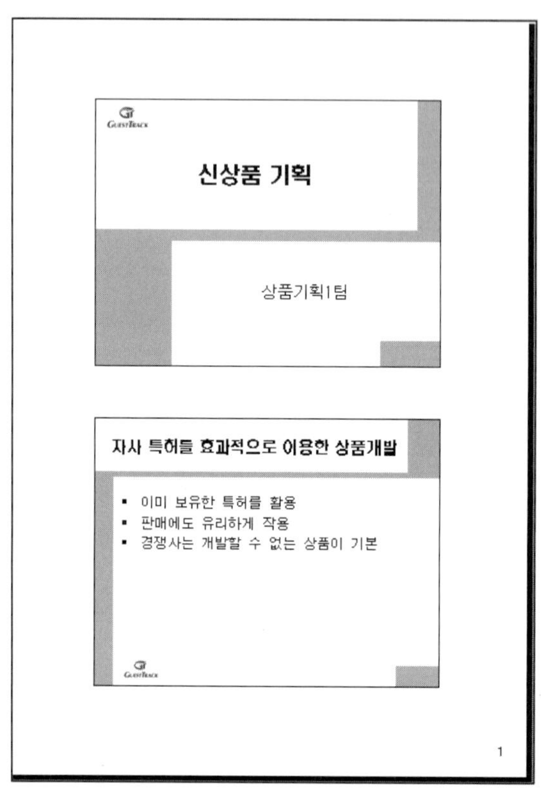

한 장의 종이에 2매의 슬라이드를 인쇄하면, 보기에 적당하다.

❶ 파워포인트에 동영상 삽입하기

파워포인트에 동영상을 삽입하는 방법에 대해 알아보자. 전체화면 크기나 사용자가 지정한 크기와 위치에 필요한 동영상 파일을 삽입할 수 있다. 로컬 컴퓨터의 동영상 파일이나 인터넷에서 실시간으로 제공하는 동영상 파일까지 파워포인트로 가져와 사용할 수 있다.

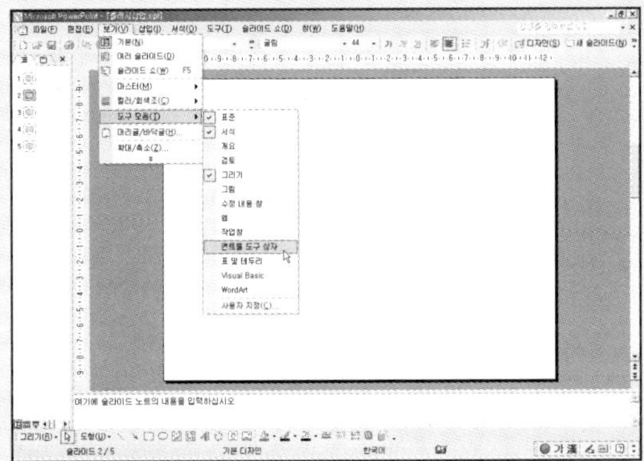

파워포인트 슬라이드를 연다. 메뉴에서 [보기-도구모음-컨트롤 도구상자]를 선택한다.

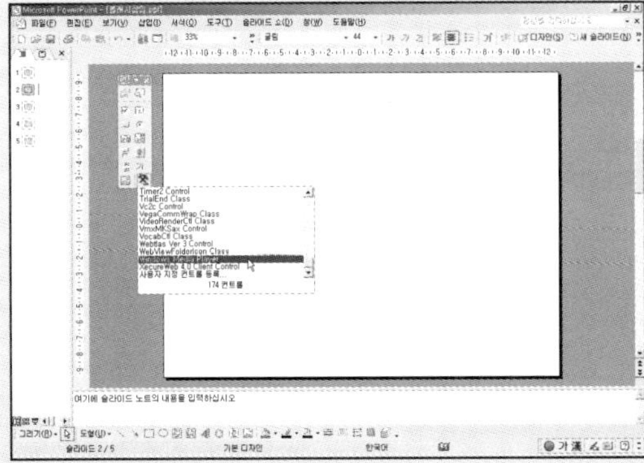

[컨트롤 도구상자-기타 컨트롤-Windows Media Player]를 선택한다.

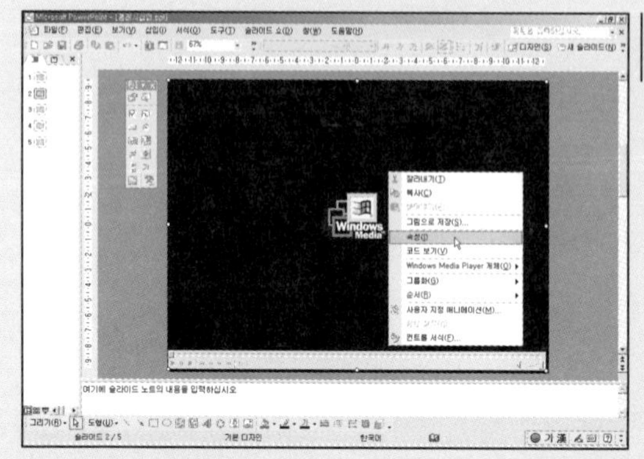

십자 모양의 마우스 커서가 나타나면 슬라이드 화면에 드래그하여 원하는 크기와 위치를 지정한다. 삽입된 개체를 선택하고 마우스 오른쪽 버튼을 눌러 팝업메뉴 중 [속성]을 선택한다.

속성 창이 나타나면 로컬 컴퓨터에 저장된 파일의 경로나 인터넷 실시간 동영상 파일의 주소를 [FileName] 항목에 입력한다.

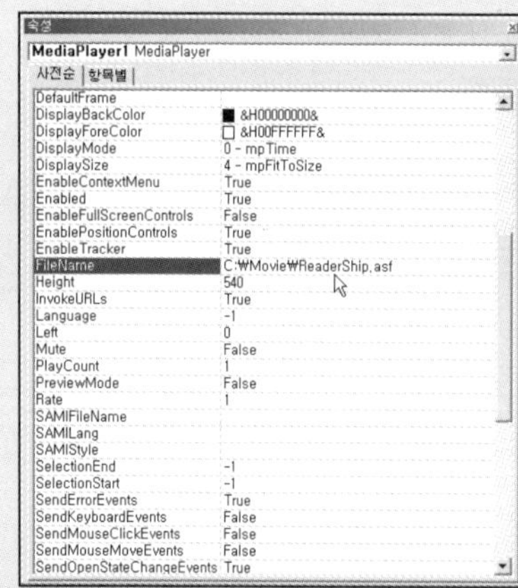

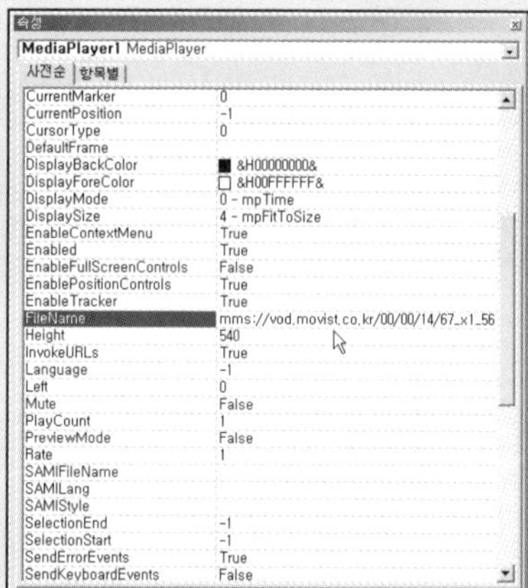

동영상 삽입이 완료되었다.

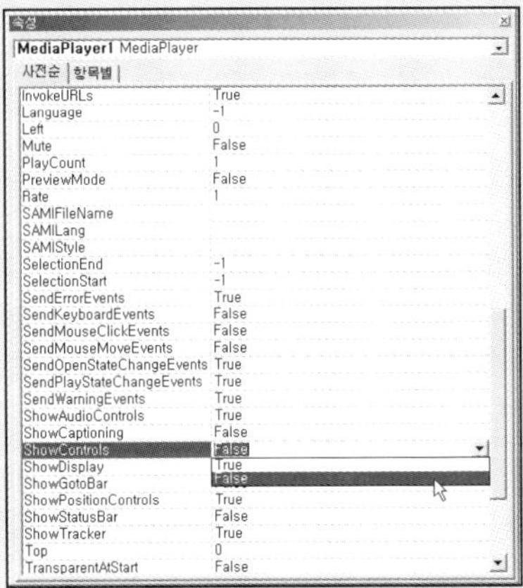

삽입된 동영상의 하단 컨트롤바를 보이지 않도록 하려면 [속성창]의 'Show Controls' 항목을 'False'로 지정해 주면 된다.

확인해 보면 아래와 같은 결과를 얻을 수 있다.

ShowControl 항목이 True일 경우

ShowControl 항목이 False일 경우

❷ 파워포인트에 플래시 삽입하기

파워포인트에 플래시 파일을 삽입하는 방법을 알아보자. 플래시의 경우 벡터 방식의 동영상을 제공하므로 화면을 확대하더라도 계단현상 없이 사용이 가능하다. 또한 플래시 파일 내에 사운드와 이벤트를 만들어 추가할 수 있어 파워포인트를 좀더 비주얼하고 역동적인 만들어 준다. 로컬 컴퓨터에 저장되어 있는 플래시 파일이나 인터넷에서 실시간으로 제공하는 플래시 파일까지 파워포인트로 가져와 사용할 수 있다.

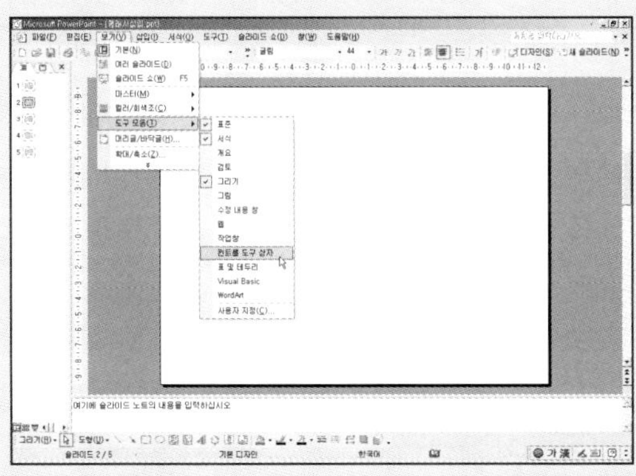

파워포인트 슬라이드를 연다. [보기-도구모음-컨트롤 도구상자]를 선택한다.

컨트롤 도구상자에서 [기타컨트롤]을 선택하여 'Shockwave Falsh Object'를 선택한다.

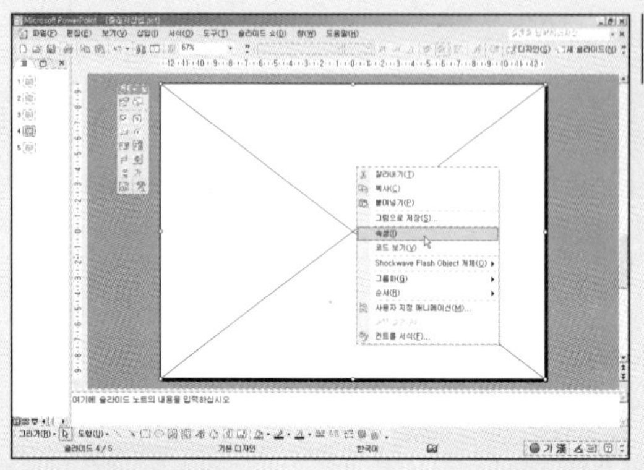

십자 모양의 마우스 커서가 나타나면 슬라이드 화면에 드래그하여 원하는 크기와 위치를 지정한다. 삽입된 개체를 선택하고 마우스 오른쪽 버튼을 눌러 팝업 메뉴 중 [속성]을 선택한다.

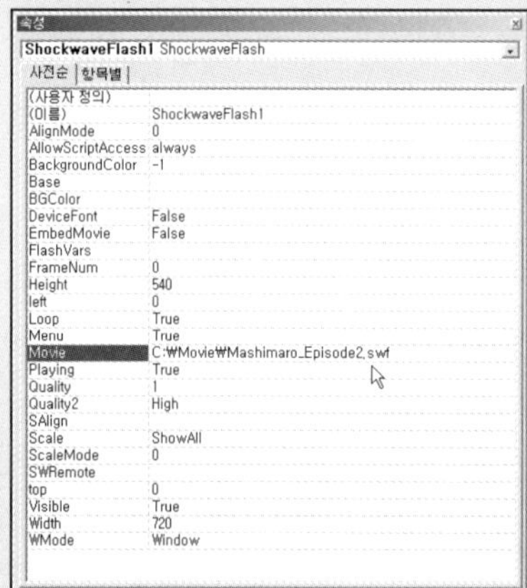

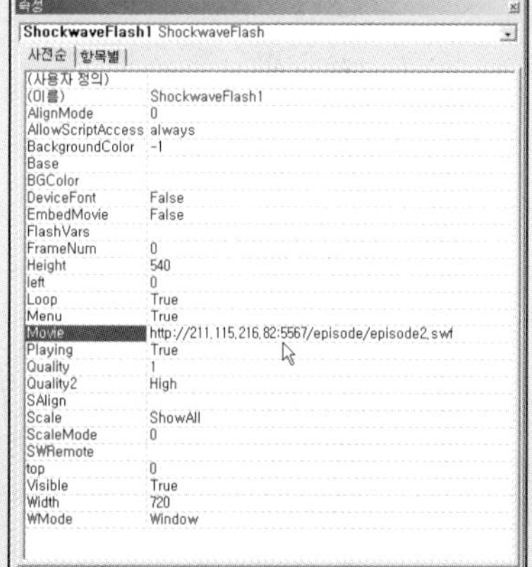

속성 창이 나타나면 'Movie' 항목의 로컬 컴퓨터에 저장된 플래시 파일의 경로나 인터넷에 등록되어 있는 플래시 파일의 주소를 입력한다.

슬라이드 화면에는 X자 형태로 나타나지만 '쇼보기' 기능을 수행하면 해당 플래시 파일이 작동한다.

❸ 인터넷 상의 동영상 저장 방법

인터넷 서핑을 하다보면 여러 형태의 동영상 파일을 접하게 된다. 하지만 이러한 동영상을 내컴퓨터에 저장하고 싶어도 실시간 재생되는 스트리밍 형태의 파일 형식과 프로토콜을 이용하기 때문에 웹브라우저나 기본 플레이어 프로그램으로는 저장이 불가능하다. 하지만 하이넷레코더나 VOD 레코더 등의 프로그램을 이용하면 스트리밍 형태의 동영상 파일을 내 컴퓨터에 저장하는 것이 가능하다.

● 동영상 저장툴 다운로드 사이트

프로그램	URL
하이넷레코더	http://file.simmani.com
	http://www.hoonnet.co.kr

❹ 인터넷 상의 플래시 파일 저장 방법

웹브라우저를 이용하여 실시간으로 볼 수 있는 플래시 파일을 내컴퓨터에 저장할 수 있다. 대표적인 프로그램으로는 Flash Catcher, Flash Hunter 등이 있다. 이 프로그램들은 인터넷 공개자료실 등을 이용하면 다운로드하여 사용할 수 있다. 쉐어웨어이므로 일정기간 동안만 무료로 사용 가능하다.

● 플래시 캡처툴 다운로드 사이트

프로그램	URL
플래시캡처	http://file.simmani.com http://www.zb2000.com/
플래시헌터	http://www.flash2x.net

❺ 이미지 캡처

현재 사용하고 있는 컴퓨터의 화면 전체나 일부분을 그림으로 저장할 수 있다. 시중에는 여러 캡처툴이 나와 있으나 여기에서는 아무런 제한없이 사용할 수 있는 '캡순이' 프로그램을 추천한다.

● 이미지 캡처툴 다운로드 사이트

사이트명	URL
애니윈소프트	http://www.anywinsoft.com
심파일	http://file.simmani.com

제 3 장

발표하기

Step 1

발표 장소와 장비 물색

파워포인트의 데이터가 완성되었어도, 프레젠테이션 개시까지는 아직 다양한 절차가 남아 있다. 발표 장소나 필요한 장비를 수배하고, 발표 준비를 하자.

발표 장소를 결정한다

프레젠테이션 발표 장소를 결정하자. 회사의 회의실 등, 이미 결정된 경우에는 조감도를 그리는 것부터 시작하기 바란다.

발표 장소를 물색한다

자사나 방문사의 회의실 등, 이미 발표 장소가 결정된 경우에는 상관없지만, 약간 규모가 큰 프레젠테이션이 되면, 장소 물색부터 시작하게 된다.

발표 장소는 주로 다음과 같은 패턴으로 빌리게 되므로, 참고해 두기 바란다. 항상 빌리고 있는 장소로 고정하기보다는, 조금이라도 교통이 편리하고 비용이 적은 장소를 찾도록 하자.

여기에서는, 회의실 등을 빌릴 때에 도움이 되는 홈페이지의 URL을 실어 두었다. 어디까지나 참고로 활용하기 바란다.

1. 홀 빌리기

빌딩이나 호텔 등에 있는 커다란 홀을 빌린다. 참가자가 100명을 넘는 큰 프레젠테이션 등에 사용된다. 도심부에는 '**센터'와 같이 이름이 붙은 홀도 많으며, 관련 업계에서 빌딩의 홀 하나를 빌려주는 경우도 있다.

2. 회의실 빌리기

홀을 빌리는 것보다 규모가 작을 경우이다. 10~30석 정도의 회의실은 의외로 많아서, 호텔이나 센터가 운영하고 있다. 역에 근접한 빌딩 등에서도 빌릴 수 있는 경우가 많다.

3. 음식점 빌리기

식사를 제공하는 경우에는, 레스토랑을 빌리는 경우도 있다. 또한, 도심부의 카페 중에는 회의실을 구비하고 있는 곳도 볼 수 있다.

4. 공공시설 빌리기

시민회관이나 관청 홀 등을 빌릴 수도 있다. 서울, 지방에 관계 없이 어느 곳에나 준비되어 있으므로 적극적으로 활용하자.

● 프레젠테이션 발표회장으로 활용할 수 있는 공공시설 URL 일람

사이트 명	URL
서울INT-Biz센터	http://www.sibcenter.com/
코엑스	http://www.coex.co.kr/
서울산업지원센터	http://www.sisc.seoul.kr/
정부전산정보관리소	http://www.gcc.go.kr/
서울시지방공무원교육원	http://www.edu.seoul.kr/
정보통신공무원교육원	http://www.icoti.go.kr/
부산전시컨벤션센터	http://www.bexco.co.kr/
대전무역전시관	http://www.kotrex.com/
대구전시컨벤션센터	http://www.excodaegu.co.kr/
광주중소기업종합지원센터	http://www.ksbs.or.kr/

조감도를 그린다

발표 장소가 정해지면 조감도를 그려보자.

발표 장소의 조감도가 필요한 것은, 빔 프로젝터나 스크린을 설치할 때, 그 배치를 확실히 파악할 필요가 있기 때문이다. 의자와 책상의 배치도 알고 있으면, 수용 인원수를 완벽히 파악할 수 있다. 또한 마이크의 위치, 전원의 위치 등을 고려해서 빔 프로젝터를 배치하기 바란다.

무엇보다, 최근의 발표 장소라면 대부분 빔 프로젝터와 스크린의 준비 등 완벽한 시스템이 갖추어져 있다.

조감도에 들어가는 내용

조감도를 그림으로써, 프레젠테이션의 개요를 파악할 수 있다. 다음과 같은 내용을 체크해 보자. 이렇게 체크하다보면 필요한 장비를 빠뜨리지 않고 꼼꼼하게 챙길 수 있다.

프로젝터와 스크린, 좌석의 위치 파악(필요하다면 전원의 위치)
참가자의 책상 배치도와 참석 가능 인원수 접수와 자료 배포 스태프의 위치
자료와 짐을 배치할 장소
자사 스태프의 위치를 명확하게
출입구
인파의 흐름
예비용 책상과 의자의 배치
발표자의 위치
조명이 걱정된다면 창의 위치
접수의 배치

추가 준비 사항

프레젠테이션 발표회장에서 가장 신경 써야 하는 부분이 조명이다.

참고로 빔 프로젝터는 어두운 장소에서 보다 잘 보인다. 하지만, 최근에 나오는 기종은 상당히 밝아져서, 특별히 어두운 장소가 아니라도 대낮에도 충분히 사용할 수 있다.

그리고 목소리가 전달되는 범위도 체크함과 동시에 마이크와 스피커의 준비도 잊지 말자.

조감도의 예

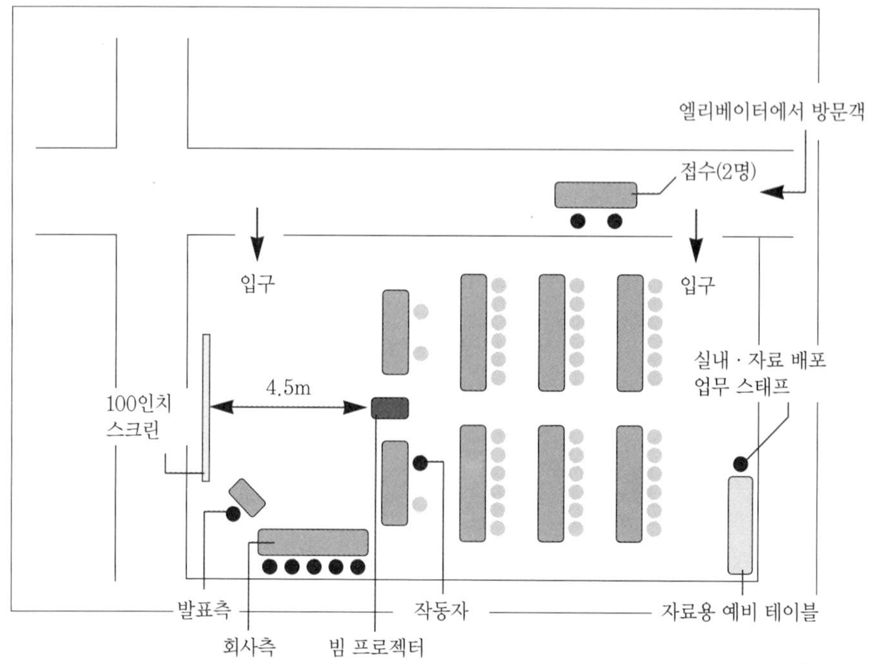

발표 장소의 밝기는?

원래는 정확한 수치로 밝기를 계측해야 하지만, 현장에서는 특수한 장비가 없으면 밝기를 측정할 수 없으므로 무의미하다. 실내의 밝기에 관해서는 감각으로 결정할 수밖에 없다. 기본적으로는, 문자를 어렵지 않게 읽을 수 있는 정도가 가장 좋다. 가능하다면, 스크린의 주변만을 보다 어둡게 해주는 것이 좋지만, 이런 조건이 가능한 장소는 흔치 않다.

빔 프로젝터의 거리가 뒤쪽으로 갈수록 투영된 영상이 어두워진다는 것을 기억해 두자.

그리고 나름대로의 어두운 환경을 만들기 위해서는 다음과 같은 방법이 있다.

전기를 끈다. 어느 정도 넓이가 있는 장소라면, 부분적으로 끌 수 있을 것이다. 어디를 끄는 것이 최선인지, 사전에 조사해 두기 바란다. 그러나 부분적으로 끌 수 없을 때는 완전히 어둡게 되는 경우도 있다. 실외광과의 밸런스를 고려하기 바란다.
낮 시간대의 프레젠테이션이라면 실외광에 대해서도 신경 써야 한다. 커튼을 내리는 것 외에도, 창에 검은 종이를 붙임으로써 밝기를 자유롭게 조정할 수 있다. 단, 테스트는 프레젠테이션을 시행하는 일정에 맞춰서 행해져야 한다.
형광등 앞에 검은 종이를 드리움으로써, 약간 스크린의 정면만을 어둡게 하는 것도 가능하다. 형광등을 빼는 것이 최후의 수단. 아무리 해도 의도한 대로의 밝기가 나오지 않는다면, 형광등을 몇 개를 빼버린다.
이런 경우는 거의 없지만, 전기를 전부 꺼버리고, 전용 조명을 사용해서 밝기를 얻는 경우도 있다. 특히 스포트라이트로 발표자를 부각시키고 싶을 때 등, 명확한 이유가 있을 때에 사용하는 방법이다. 대규모 설비가 필요하므로, 일반적이진 않다.

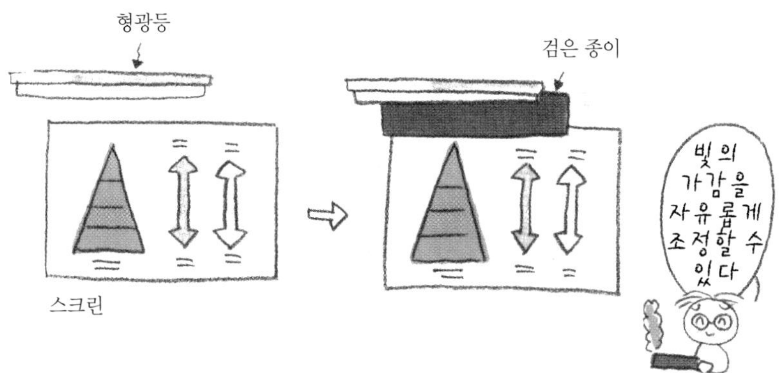

지나치게 형광등에 접근하면 타버릴 가능성이 있으므로 주의

마이크의 필요성

마이크는 가능한 한 준비하는 것이 좋다. 테스트할 때 뒷좌석에서도 목소리가 잘 들린다고 하더라도, 실제로는 잘 들리지 않는 경우가 종종 있다. 이것은 사람이 많아 소란스러워 지는 등, 다양한 이유가 있다. 적어도 5미터 이상 떨어지게 되면, 육성만으로 확실히 전달하는 것은 어렵다는 것을 알아두자.

사람 수로는 10명을 넘어서면 마이크를 준비하는 것이 좋다. 만일 사용하지 않게 되더라도, 준비해서 나쁠 것은 없다. 큰소리로 장시간 동안 프레젠테이션을 하는 것만큼 지치는 일도 없다. 후반부에 목소리의 힘이 떨어지게 되면, 모처럼 준비한 결론 부분에서 박력이 약해질 수도 있다.

마이크를 사용하면 작은 목소리로도 뒷좌석까지 잘 들리게 되므로, 후반부까지 지치지 않고 프레젠테이션을 진행할 수 있다.

빔 프로젝터 선택법

빔 프로젝터를 잘 고르는 법에 대해 취재해 보았다. 대여 및 구입할 때 도움을 주기 위해 사양에 대해서도 다룬다.

Profile : **우시야마 마사루**牛山勝

엡손판매주식회사 비주얼기기 판매추진부 영상기기 판매추진과

본서 집필에 있어서, 빔 프로젝터의 테스트 등에 도움을 준 엡손에 빔 프로젝터를 잘 고르는 법에 대해 문의했다. 참고로, 세이코 엡손은 제조사이고, 엡손판매주식회사는 유통사이다. 취재는 엡손판매주식회사 비주얼 기기 판

매추진부 영상기기 판매추진과 우시야마 씨에게 부탁했다.

Q | 처음으로 프로젝터를 고를 때의 요령은?

당사 대리점(총판)에서는 직접 고객을 방문하여 프로젝터 데모를 시행하고 있습니다. 물론 상품 지식도 충분합니다. 실제로 상품을 보고 결정하는 것이 최선이라고 생각합니다.

Q | 실제로 회사의 PC를 연결합니까?

프레젠테이션에서 사용하게 될 회의실에 PC와 빔 프로젝터를 연결해서 투영해 볼 수 있습니다. 실제로 이용할 환경에서 눈으로 보고 확인하는 것이 중요하다고 생각합니다.

Q | 예산상으로는 어느 정도 준비하면 좋을까요?

대부분의 회사에서, 대체로 실 구입가 50만엔(약 500만원) 정도가 하나의 기준으로 되어 있습니다. 역시, 그 정도가 하나의 기준이 되겠지요.

Q | 리스와 구입 중 어느쪽이 많습니까?

대부분의 고객이 구입을 선택하고 있습니다. 물론 리스도 선택할 수 있습니다.

Q | 시점에서는 어떤 제품 사양에 주의해야 합니까?

밝기와 해상도가 주요 사양입니다. 이 두 가지와 사이즈, 가격을 기준으로 구입하는 경우가 대부분입니다.

Q | 해상도란?

해상도란 화면을 얼마만큼의 많은 점pixel으로 표현할 수 있는가를 일컫는 말입니다. 해상도가 클수록 영상의 표현이 섬세해지고 정교해진다는 것을 의미합니다. 현재 주류는 XGA 해상도를 지닌 제품입니다. 이 정도 사양이면 화질 손상없이 리얼하게 표시할 수 있습니다. 하위모델로는 SVGA, 상위모델로는 SXGA 타입이 있습니다.

EMP-7730(일반형)

고휘도 3500ANSI, 최대 UXGA(1600x1200) 해상도 지원, 수직 키스톤 보정, 다양한 비디오 입력 인터페이스(Y.CB, HD-15, S-VIDEO, RCA 등) 제공. '픽처 in 픽처기능'은 빔 프로젝터에 커넥터를 접속해서 PC의 프레젠테이션 화면 안에 비디오 영상을 투영할 수 있다.

리얼XGA, 지원 해상도: UXGA(1600x1200) ~VGA(640x480), 컬러 리얼리티, 픽처 in 픽처, DVI 단자지원, 투사거리 0.87 ~ 12.48M

Q | 실제로 프레젠테이션을 할 때, 해상도는 신경 쓰지 않습니다만…

해상도는 2단계 상위까지 지원하도록 되어 있습니다. 예를 들면, 프로젝터의 해상도가 SVGA라도 SXGA 화면을 투영할 수 있습니다. 이를 위해, 화면 데이터를 처리해서 손상이 없도록 연구하고 있습니다. 일반적인 관점으로는, 해상도가 낮은 화면을 고해상도로 투영하면 화면이 거칠어집니다. 따라서 독자적인 회로를 사용하여 데이터를 보완함으로써 리얼하게 표시할 수 있는 것입니다. 특별히 설정을 바꿀 필요도 없으며 모든 과정이 자동으로 이루어지므로 이용할 때 별다른 신경을 쓰지 않아도 됩니다.

Q | 해상도가 리얼하면 어떤 점이 좋습니까?

현재 PC의 주류를 이루는 해상도는 XGA입니다. XGA 해상도를 지닌 빔 프로젝터라면, 1대 1입니다. 데이터 처리 없이 리얼하게 투영할 수 있으므로, 미려함이 달라집니다.

EMP-730(이동형)
고휘도 2000ANSI, 1.9kg의 모바일 타입으로서는 최고 수준의 밝기를 자랑하는 다용도의 본격적인 휴대용 모델. '자동 키스톤 보정 기능'은 스크린에 투영된 영상의 왜곡을 설정 후 약 1초 안에 자동적으로 보정한다.
2000ANSI, 리얼XGA, 지원해상도: UXGA (1600x 1200)~VGA(640x480), 자동 왜곡현상 보정, 컬러 리얼리티, 30~300인치(투사거리 1.0 ~11.7M)

EMP-820(이동형)
고휘도 2500ANSI, 최대 UXGA(1600×1200)까지 해상도 지원, 수직·수평 키스톤 보정 지원으로 측면 투사 가능, 공간 활용이 자유롭다. 상황에 맞는 6 가지 프로젝션 모드 내장. 광각렌즈 채택으로 1.8m 단거리에서 60인치 투사 가능.
Real XGA, 지원해상도: UXGA~VGA, DVI 단자 지원, 30~300인치(투사거리 10.87~12.48)

Q | SXGA급의 고급 기종은 어떤 용도로 사용합니까?

SXGA의 고해상도가 요구되는 경우는 아주 적습니다. 일반 고객에게는 부적절한 고성능입니다.

상당히 고해상도의 데이터를 취급하는 사용자들이 사용하게 됩니다. 예를 들면 CAD 등이 해당되겠지요. 현시점에서는 XGA 타입이 60%~70%를 차지하고 있습니다. 나머지가 SVGA와 SXGA급 모델입니다.

Q | 밝기의 기준은?

회의실 등 어느 정도 밝은 장소, 주변이 보이는 환경에서 사용하는 것이 일반적입니다. 프레젠테이션 중에 서류를 보거나, 메모를 하는 것도 가능해야 하겠지요. 그래서 2000루멘lm 정도가 기준이 됩니다. 일반적인 용도라면 충분한 사양입니다. 참고로 가정용 비디오를 투영하는 빔 프로젝터는 800이나 1000루멘입니다만, 이것은 영화의 분위기를 내기 위해 어둡게 설정한 것입니다.

Q | 소모품은 있습니까?

소모품으로 램프를 정기적으로 갈아줘야 합니다. 대체로 1500~2000시간 정도 사용할 수 있으므로, 하루에 2시간을 사용한다면 1000일 가까이 사용할 수 있습니다. 일반적인 사용 경향이면 대체로 2~3년은 충분히 사용할 수 있다는 계산이 나옵니다. 당연히 시간이 지날수록 밝기가 떨어집니다만, 당사의 제품은 램프의 성능이 좋아서, 수명이 다하기 직전까지 그다지 어두워지지 않습니다. 어두워지는 현상이 나타나면, 램프의 수명이 끝나는 경우가 많겠지요.

EMP-73(이동형)
고휘도 1500ANSI, 최대 1600×1200 해상도 지원, 다용도의 본격적인 휴대용 기기.
자동 키스톤 보정, 카드 타입 리모콘 본체 내장, Cool-down 시간 단축 등으로 효과적인 프레젠테이션이 가능한 모델.
1500ANSI, 리얼 XGA, 지원해상도: 640x480~1600x1200, 30~300인치(투사거리 1.0~11.7M), 풀 컬러(1,677만색)

Q | 램프는 비쌉니까?

제품에 따라 다르지만, 5~6만엔(50~60만원) 정도 합니다. 소모품으로써는 고가입니다만, 그다지 자주 교환하는 것이 아니므로 부담은 적습니다. 램프의 수명이 다할 타이밍에 신기종을 구입하는 고객도 있습니다.

교환작업은 고객 스스로 간단히 할 수 있습니다.

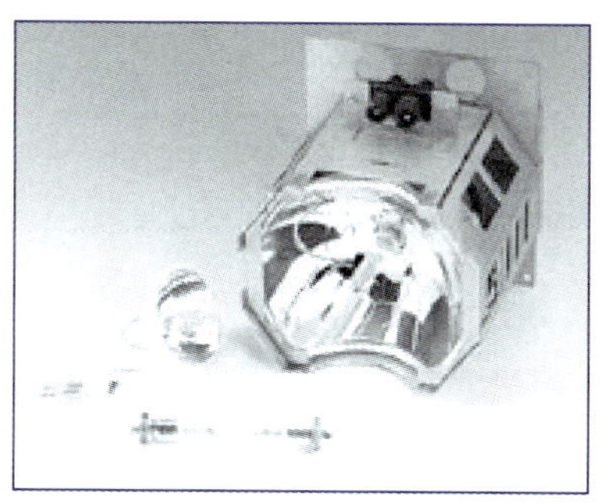

프로젝터의 램프

LCD램프

Q | 가격동향을 알려주십시오

가격은 급속히 떨어지고 있다고 할 수 있겠지요. 특히 성능이 좋은 것들이 점점 싸지고 있습니다. 예를 들어 3년 전이면 1000루멘급의 제품이 주류로, 5kg 정도의 무게였습니다만, 지금은 동일한 가격으로 2000루멘급의 제품을 살 수 있습니다. 물론 무게도 가벼워졌습니다.

Q | 부속품을 살 필요가 있을까요?

기본적으로, PC와 연결해서 투영하는데 필요한 것은 모두 포함되어 있습니다. 추가로 구입한다면 스크린입니다만, 최근엔 '벽이나 화이트보드에 투영하니깐 필요 없다'고 하시는 분도 늘고 있습니다. 빔 프로젝터의 성능 향상으로 이전보다 밝아졌기 때문에, 그런 식의 이용이 가능해진 것입니다.

Q | 모바일용 제품도 있군요

많은 제품이 있습니다. 2~3kg대로 가벼워서 휴대가 용이합니다. 가격도 거치형보다 저렴한 제품이 많습니다만, 밝기는 1000~1200루멘으로 거치형보다 떨어집니다.

빔 프로젝터 구입 요령

빔 프로젝터는 대형 PC매장에서도 구입할 수 있지만, 프로젝터 전문 OA장비업체를 통해서 구입하는 경우가 많다. 제조사에 문의하면, 제휴하고 있는 업체를 소개해 준다.

여기서는 참고로 빔 프로젝터를 제조업체의 홈페이지 리스트를 뽑아둔다. 다양한 정보를 입수할 수 있으므로, 활용해 보자.

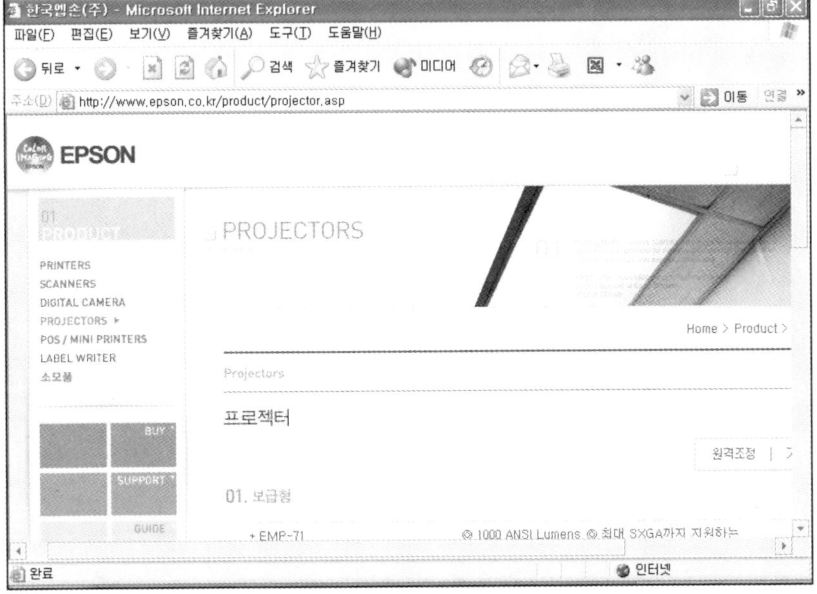

● 빔 프로젝터 제조사의 URL 일람

메이커	URL
EPSON	http://www.epson.co.kr
LG	http://www.lgprojector.com
삼성	http://www.sec.co.kr
SHARP	http://www.sharp.co.kr
3M	http://www.3m.co.kr
SONY	http://www.sony.co.kr
TOSHIBA	http://www.toshiba.co.kr
Panasonic	http://www.panasonic.co.kr
JVC	http://www.jvc.co.kr

인터넷 통신판매로 구입

가격비교 검색엔진이나 인터넷 쇼핑몰을 이용한 통신판매를 통해서도 빔 프로젝터를 구입할 수 있다. 가끔 가정용이 섞여 있는 경우도 있지만, 미리 기종을 선정해 두면 착각하지 않을 것이다.

빔 프로젝터를 대여한다

빔 프로젝터를 구입할 예산이 없거나 자주 사용하지 않는다면, 대여하는 방법도 있다.

대여를 잘하는 요령은, 우선 싸게 대여할 수 있는 업체를 찾는 것이다. 당연한 얘기지만, 비용은 저렴한 편이 좋다. 그리고 매번 동일한 기종을 빌리는 것이다. 빔 프로젝터에는 특별히 어려운 조작은 없다. 대충 거리를 맞춰서 설치한 다음, PC와 연결하고 초점을 맞추면 끝난다. 하지만, 익숙한 기종이 다루기 쉽다는 점은 틀림없다.

가격비교검색엔진 오미 – http://www.omi.co.kr/

대여방법

3월이나 4월 등 일반적으로 회사가 바쁠 때는, 당연히 대여도 밀려있다. 프레젠테이션 날짜가 정해지는 즉시, 서둘러서 대여 예약을 해두자. 일반적으로 대여 비용에 운송비가 추가된다.

대여 업체 리스트

여기서는 인터넷으로 정보를 입수할 수 있는 몇몇 대여 업체를 소개한다. 주의할 점은, 이 리스트는 정보취득을 간편하게 하기 위한 것이므로, 여기에 게재한 업체가 반드시 신뢰할 수 있다던가, 반드시 싸다는 것은 아님을 참조하기 바란다. 또한 정보도 항상 갱신되므로, 최종적으로는 전화 등으로 확인하는 절차를 거치기 바란다.

● 빔 프로젝터 대여업체 URL

YesPlus	http://www.yesplus.co.kr/
가이드삼정프로젝터	http://www.guideprojector.co.kr/
AV 프로젝터	http://www.avda.co.kr/
프로젝터A	http://www.noterental.com/
프로젝터몰	http://www.119xy.co.kr/
가람프로젝터	http://www.garamlcd.com/
한국AV	http://www.avkorea.com/
디스플레이뱅크	http://www.pdprental.com/

책상과 의자를 배치한다

책상과 의자를 잘 배치하면 화면이 잘 보인다. 사람이 많아질수록, 책상과 의자의 배치에 신경 쓰지 않으면 문제가 발생한다.

기본적인 배치

발표 장소의 넓이에 따라 다르지만, 골치 아픈 것이 가로와 세로 어느쪽에 주안점을 둘 것인가라는 문제이다. 책상을 가로로 넓히면 화면과의 거리는 짧아지지만, 측면 위치는 각도가 나빠서 보기 곤란해진다. 반대로 세로로 하면 각도는 좋아지지만, 거리가 멀어지게 된다.

PC를 사용해서 액정 모니터로 프레젠테이션을 하는 경우에는, 시야각이 좁아서 가능한 한 세로로 해야 하지만, 그 이외의 경우에는 어느 정도 가로로 넓혀도 괜찮다.

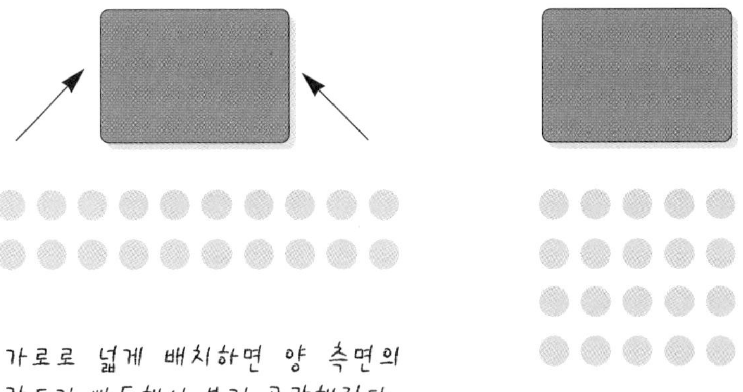

가로와 세로 어느쪽으로 좌석을 넓혀도 보기 곤란하다는 문제점이 있다.

서로 다르게 배치해서 보기 쉽게 한다

의자의 위치가 고정되지 않는 긴 책상을 사용할 경우에는, 의자를 서로 다르게 배치하면, 앞 사람의 머리가 방해되지 않아서 보기 쉽다. 의자의 수가 3석, 4석, 3석 등으로 서로 다르게 되므로, 앉을 수 있는 사람수는 줄어들지만, 잘 보이는 것을 우선시하는 경우에 추천할 만한 배치이다.

또한 의자만을 배치하는 프레젠테이션에서도 동일하게 위치가 겹쳐지지 않도록 하면 앞 사람의 머리를 피할 수 있어서 보기 쉬워진다.

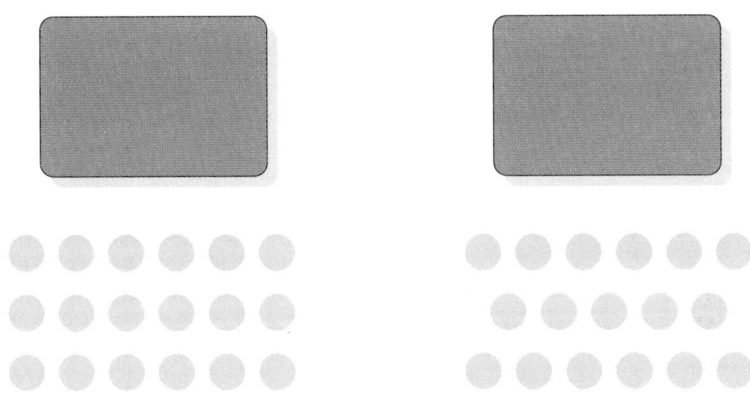

서로 다르게 배치함으로써 앞 사람의 머리가 방해되지 않아 보기 쉽다.

앞에서부터 앉게 하는 방법

사람들은 흔히들 넓은 프레젠테이션 발표 장소 임에도 참석자가 중간 부근부터 앉기 시작하는 경우가 많다. 특히 소비자를 대상으로 하는 경우에는 자주 있는 일이다.

앞쪽부터 차례대로 앉게 하기 위해서는, '앞쪽으로 오시지요' 라고 유도하는 것이 일반적이지만, 그렇게 하지 않아도 앞쪽부터 앉게 하는 방법이 있다. 책상 위에 두는 자료를 앞쪽에만 배치해 두는 것이다. 첫 번째 줄이 채워지면 두 번째, 계속해서 세 번째 줄에 자료를 배치해 가면 된다.

중요한 손님을 앞쪽에 앉게 하고 싶다면, 조금 일찍 모시면 자연스럽게 앞쪽이 된다. 또는 결혼식처럼 좌석에 명찰을 붙여두는 방법도 있다.

자료를 배포한다

자료 배포에도 두 가지 방법이 있다는 것을 알고 있는가? 일부러 자료를 배포하지 않고 프레젠테이션에 집중하게 만드는 것도 좋은 방법이다.

자료는 책상 위에 놓아두는 것이 기본

기본적이며 일반적인 것이, 자료를 사전에 책상 위에 놓아두는 방법이다. 필요한 자료를 모두 취합해서 책상 위에 놓아둔다.

이 정도로 끝내는 경우도 많지만, 프레젠테이션을 개시하기 전에 어떤 자료를 몇 장이나 배포했는지 확인해 둠으로써, 누락을 방지할 수 있다.

자료를 미리 배포하지 않는 방법

미리 자료를 배포하지 않고 시작하는 프레젠테이션을 경험하는 일이 있다.

프레젠테이션 개시 전에 자료를 배포하면, 대부분의 참석자가 기다리는 시간에 보게 된다. 프레젠테이션의 임팩트가 감소되어 버리는 것이다.

그래서 일부러 프레젠테이션을 끝내고 나서 자료를 배포하는 것이다.

질문을 그다지 받고싶지 않은 경우에도, 사전에 배포하지 않는 편이 좋다. 미리 자료를 배포하면 상세한 사양 등도 자세히 검토되므로, 예리한 질문이 늘어나게 된다.

많은 자료를 제작하는 경우

합계 1,000매를 넘는 많은 자료를 준비한다면, 원고만을 정리해서 인쇄업자에게 복사나 인쇄를 의뢰하는 것이 최선이다. 리스크도 적고 비용을 경감할 수 있는 이점이 있다.

또한 컬러복사는 최신기종이 구비되어 있기 때문에, 우수한 인쇄품질을 기대할 수 있다.

컬러프린터를 통한 인쇄도 주문형 인쇄를 이용하는 편이 좋다. 이쪽도 최신기종을 이용할 수 있기 때문에, 특히 사진자료의 품질이 달라진다.

품격 높은 프레젠테이션을 생각하고 있다면, 자료를 제본하는 것을 잊지 말자. 흑백으로 인쇄한 자료를 제본도 하지않고 배포하는 것에 비하면, 단숨에 이미지 향상을 도모할 수 있다.

● 복사제본 가격 정보제공 URL

칼라라인	http://www.colorline.co.kr/
미스터카피	http://www.mrcopy.co.kr/
백양익산종합상사	http://www.byiscopy.co.kr/
한국기획	http://www.copykorea.net/
OnPrint	http://www.onprint.co.kr/
강남복사	http://kscopy.com/
이노디지털시스템	http://www.aicopycenter.com/

● 복사, 제본 평균 참조 가격

분류	규격	가격(원)
컬러복사	A4	500
	A3	1,000
	A2	10,000
	A1	20,000
	A0	40,000
	OHP	1,200
흑백복사	B5	30
	A4	30
	A3	80
	OHP	400
제본비용	복사제본	1,000
	평철제본	2,000
	반책제본	3,000
	접지	50
	링제본(A4)	2,000
	링제본(A4)	3,000

프레젠테이션 자료는 웹사이트에 공개

프레젠테이션이 끝나면, 사용한 파워포인트 데이터를 웹에 공개하기를 권한다. 용무가 있어서 참가하지 못했던 사람도 다운로드를 통해 볼 수 있기 때문이다.

보다 완벽을 기하고 싶다면, Acrobat PDF 파일이나 HTML 파일로 변환해 두면 좋을 것이다. 그러면 파워포인트를 가지고 있지 않아도 볼 수 있게 된다.

HTML 형식으로 저장한다

고객의 요청으로 프레젠테이션 파일을 보낼 때, 파워포인트 데이터도 괜찮지만 HTML 형식을 원하는지 확인하는 것이 좋다. 여기에서는 HTML 형식으로 출력하는 방법을 소개한다.

파워포인트는 두 가지의 HTML 형식 출력을 지원한다. 보통은 일반적인 HTML 형식을 이용한다. 주의할 점은, 임의의 폴더에 파일을 저장했을 때, 저장한 데이터가 포함된 모든 폴더를 보내지 않으면 링크가 깨져 이미지 등이 보이지 않게 된다는 점이다.

웹 보관 파일 형식이라면 하나의 파일로 되지만, 브라우저에 따라서는 열 수 없는 경우도 있다.

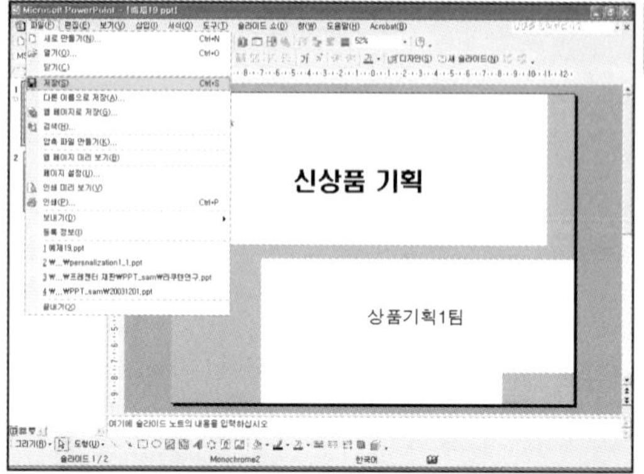

슬라이드가 완성되면, [파일-저장] 항목을 선택한다. 일반적인 파일저장 순서와 동일하다.

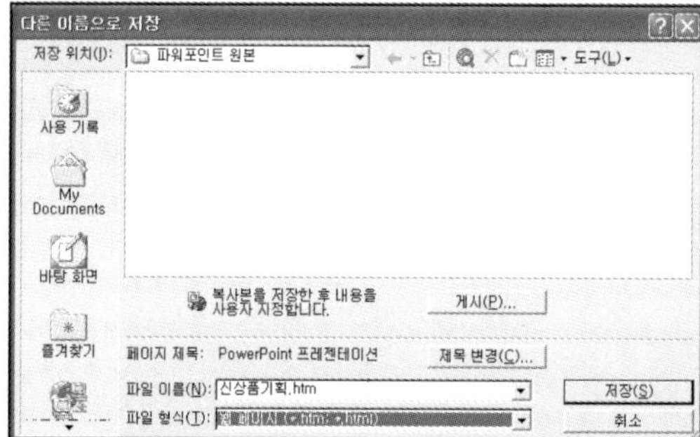

대화상자가 나타나면, 저장형식을 [웹 페이지]나 [웹 보관 파일] 중에서 선택한다.

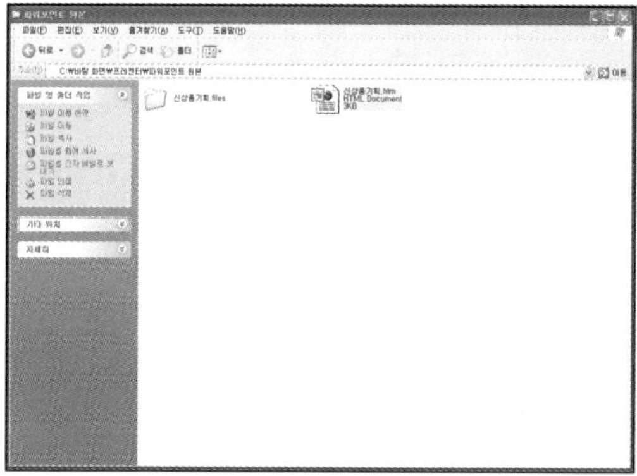

웹 보관 파일 형식은 하나의 파일로 저장된다.

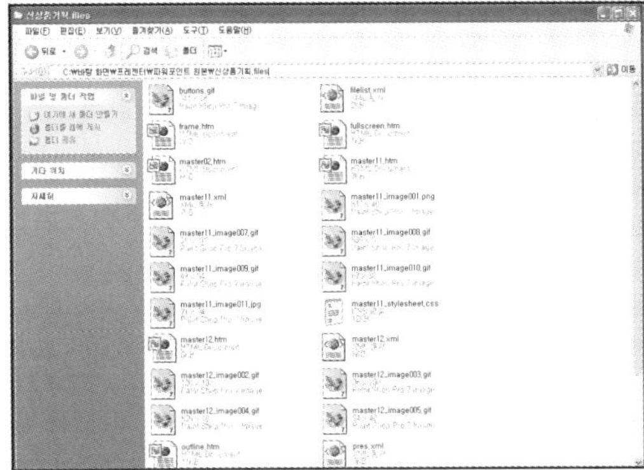

웹 페이지 형식은 일반적인 HTML 파일이므로 파일과 폴더가 생성된다. 폴더 안에는 많은 파일이 들어가 있다.

브라우저로 파워포인트 파일을 열 수 있게 되었다. 좌측에 색인이 표시되며, 이를 클릭하면 페이지를 전환할 수 있다.

| Tip & Tip |

파워포인트 파일 PDF로 만들기

이비컴의 북비 사이트(www.bookbee.co.kr) 내에 있는 전문가포럼의 PDF강좌 Lesson25를 참조하기 바란다.

Step 2

말을 잘하는 법

파워포인트 파일이 완성되고 발표 장소와 빔 프로젝터 준비가 끝났다면, 마지막 마무리는 '말하는 법'이다. 설득력을 향상시키는 비결을 알아두자.

말을 잘하기 위해서

많은 사람들 앞에서 말할 수 있는 자신감은, 여간해선 지니기 힘든 것이다. 내용이 견고하게 확정되어 있지 않다면, 자신감을 가질 수 없다.

말을 잘하는 것, 연습밖에 없다

많은 사람들 앞에서 말을 잘하기 위해서는, 전력으로 연습할 수밖에 없다. 연습을 거듭함으로써 자신감이 생기는 것이다.

하지만 연습을 거듭할수록 억양이 희미해져 버릴 가능성이 있다. 말하기가 지나치게 유창해지면, 세련됨은 더해지지만 열의와 액센트는 전해지지 않게 되는 법이다. 그렇다고는 해도 역시 연습하는 편이 좋다. 특히 부끄럼을 많이 타는 사람이라면 질릴 정도로 연습해야 한다.

연습은 반복만이 있을 뿐

PC 앞에서 프레젠테이션 자료를 보면서, 전력으로 반복해서 연습하는 수밖에 없다. 다행히도 프레젠테이션에서는 발표 중에 질문이 나오는 경우가 거의 없다. 마지막까지 자신의 페이스대로 진행할 수 있는 것이다.

구체적인 연습 방법

연습은 PC 화면으로 프레젠테이션 자료를 보면서, 순서대로 진행해 나가면 된다. 부끄러워하지 말고 소리를 내서 말하는 것이 중요하다.

천천히 말하자

익숙하지 않으면 초조하고 말하는 속도가 빨라져 버린다. 또한 연습을 거듭해도 빨라지는 경향이 있다. 프레젠테이션의 말하기는, 약간 느린듯한 느낌 정도가 딱 좋은 것이다.

항상 의식해서 천천히 말하도록 염두에 두자.

1분간에 말하는 문자수

구체적으로 어느 정도의 스피드가 바람직할까? 아나운서는 1분간에 300문자 정도를 말하는 것이 보통이므로, 이 수준 전후로 설정하자. 특히 프레젠테이션에서는, 중간중간에 틈을 넣는 것이 좋다. 예를 들어 '이 그래프에 주목해 주십시오' 라며 그래프를 표시한다면, 곧바로 말하기 시작하지 않고 약간의 틈을 둔다. 이를 반복하는 것이다.

결과적으로, 실제로 말하는 것은 300문자라도, 한 장의 슬라이드를 1분에 끝내는 것은 너무 빠르다. 여러 포인트에서 말하기를 잠시 멈춘 다음, 여유를 가지고 진행하자. 물론 타이틀로만 구성된 슬라이드 등은, 곧장 다음으로 진행하면 된다.

가장 중요한 것은, 1분에 대한 시간감각을 터득하는 것이다. 보통은 이런 시간감각을 터득하는 훈련은 하고 있지 않다.

시간을 지정한 연습방법

파워포인트에는 한 장의 슬라이드를 일정 시간에 넘기는 기능이 있다. 이 기능을 이용하면, 의도하던 길이대로 말하는 연습을 할 수 있는 것이다. 화면을 보고 말하면서, 필요한 설명이 끝난 다음 잠깐의 틈을 두고 다음 슬라이드가 표시되면 완벽하다.

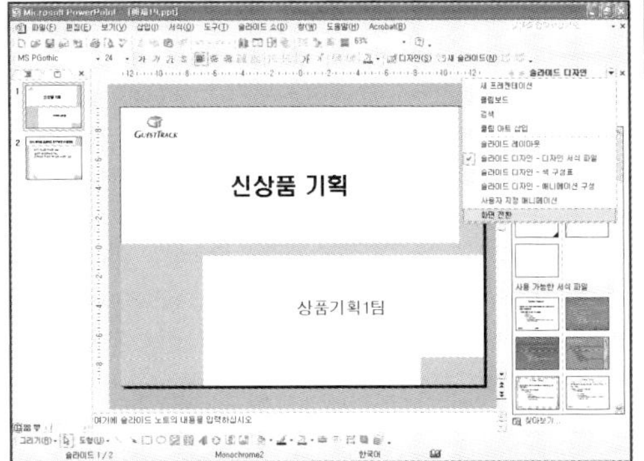

화면의 자동전환은, 작업창의 [화면전환]에서 설정한다.

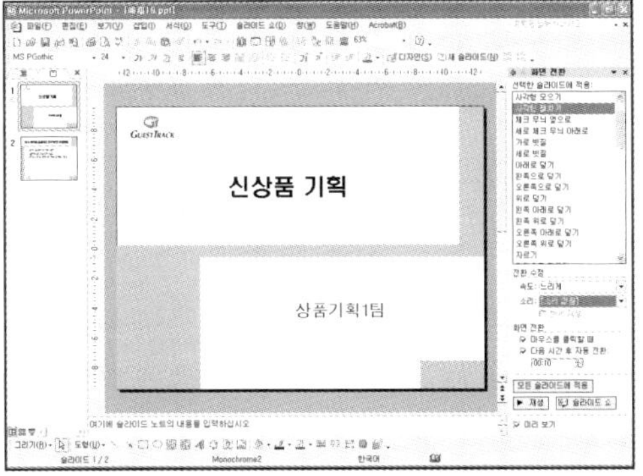

전환 시간을 초 단위로 지정할 수 있다.

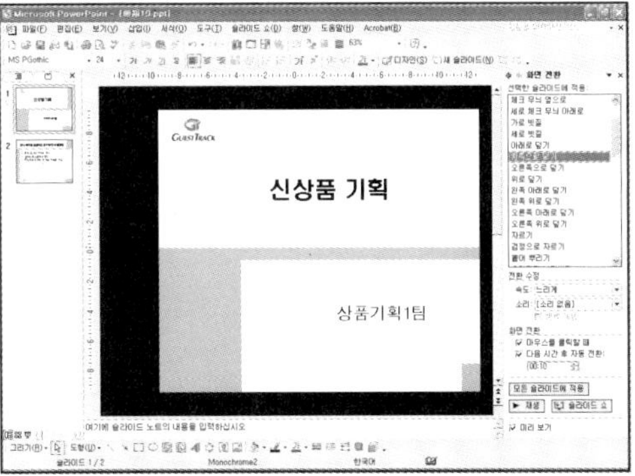

시간에 맞게 화면이 전환되고 있다.

커뮤니케이션에 대한 취재

와세다 대학의 교수에게 프레젠테이션 수행시의 커뮤니케이션에 대해 취재를 요청했다. 프레젠테이션을 능숙하게 진행하는데 관련된 가벼운 의문사항을 몇 가지 문의해서, 명쾌한 답변을 들었다. 프레젠테이션에 임하기 전에 참고 삼아 읽어두면, 설득력 향상에 도움이 된다.

Profile : 야스자키 노리오保崎則雄

와세다 대학早稲田大學 인간과학부 교수, 전공분야는 교육커뮤니케이션과 미디어커뮤니케이션 등. 일본교육공학회와 일본교육미디어학회에 소속되어 있으며, '시선운동분석을 통한 자막제시와 정보처리가 이해에 미치는 영향' 등을 연구중. 최근에 공저한 서적으로 『영상언어학』과 『복합미디어 영어교육론』(리벨 출판사) 등이 있다.

Q | 사람에겐 어느 정도의 집중력이 있습니까?

제 경험에 의하면 10분에서 15분입니다. 다른 분들도 그렇게 말하고 있습니다. 물론, 집중력을 높이는 방법도 몇 가지 있습니다만, 단지 이야기를 듣는 것이라면 그 정도가 한계입니다.

Q | 예를 들어 30분 동안 이야기를 할 경우, 어느 부분에 가장 집중하게 됩니까?

제일 처음과 끝입니다. 중간은 느슨해지는 것이 보통이지요. 그 사람의 커뮤니케이션 파장과 관계가 있습니다. 일반적으로, 처음은 '이 사람이 어떤 얘길 하는 걸까' 하고 주의해서 듣습니다. 이해도와는 별도로, 집중력은 시간이 지날수록 떨어집니다.

Q | 최고의 기승전결은?

처음과 끝의 반복이라고 이해하고 있습니다. 반복해서 강조하지 않으면 잊어버리니까요. 즉, 길어질수록 마디를 설정해서, 그 처음과 끝에 주요한 내용을 배치하는 것입니다. 우선은 포인트가 되는 부분을 설명하고, 이어서 방법과 구체적인 예를 제시하는 겁니다.

Q | '여기를 주목해 주십시오' 하고 가리키면, 모든 사람이 보게 됩니까?

물론입니다. 지시효과라고 합니다만, 예를 들어 그래프 등을 가리킨 경우에는, 모든 사람이 보고 있다고 생각해도 되겠지요. 그 사람이 구두설명을 중요시하는지, 표나 그래프를 중요시 한다던지 등의 차이는 있지만 말이죠. 만약 어두컴컴한 실내라면, 말하는 목소리가 들리는 지점을 바라보고 있을 것입니다.

Q | 어떤 부분을 주목하게 됩니까?

화면상에 신문이 있다고 합시다. '여기 신문이 있습니다' 라고 말하면, 우선은 신문 전체를 봅니다. 그리고 물리적으로 자극이 강한 부분을 보려고 할겁니다. 그림의 경우라면 흑백보단 컬러쪽에 눈이 갑니다.

Q | '여기를 주목해 주십시오' 하고 가리키면, 모든 사람이 보게 됩니까?

물론입니다. 지시효과라고 합니다만, 예를 들어 그래프 등을 가리킨 경우에는, 모든 사람이 보고 있다고 생각해도 되겠지요. 그 사람이 구두 설명을 중요시하는지, 표나 그래프를 중요시 한다던지 등의 차이는 있지만 말이죠. 만약 어두컴컴한 실내라면, 말하는 목소리가 들리는 지점을 바라보고 있을 것입니다.

Q | 어떤 부분을 주목하게 됩니까?

화면상에 신문이 있다고 합시다. '여기 신문이 있습니다' 라고 말하면, 우선은 신문 전체를 봅니다. 그리고 물리적으로 자극이 강한 부분을 보려고 할겁니다. 그림의 경우라면 흑백보단 컬러쪽에 눈이 갑니다.

Q | 화면과 말을 동시에 사용하는 것은 효과적입니까?

Alan Paivio 라는 학자가 설명한 '이중부호화론' 이라는 이론 그대로입니다. 이해도를 높이기 위해선 채널을 늘리는 것이 좋다는 내용이지요. 반론도 있습니다만, 기본적으로는 목소리와 화면 양쪽으로 설명함으로써 상승효과가 발생되어 이해도를 높이게 되겠지요.

Q | 하나의 슬라이드를 설명하는데 적절한 시간은?

정보량에 따라 다릅니다만, 학회의 경우엔 한 장의 슬라이드에 2~3분 정도를 고려하고 있습니다. 하나의 슬라이드에는 하나의 정보량이라는 것이 기본입니다. 시각의 정보량에 따라 달라지고, 겹쳐짐으로써 변화하기도 합니다만, 이것을 기준으로 생각하시기 바랍니다.

Q | 동영상을 사용하는 것이 좋을까요?

제 이론으로는 사용하는 것이 좋습니다. 예를 들어 어떤 사물의 그림을 보여줄 경우와, 그 그림을 설명한 문서를 보여줄 경우, 그림을 보여준 경우의 정보량이 많으니까요.

Q | 동영상이라면 초점이 희미해질 가능성은 없습니까?

있을 수 있습니다. 보는 사람에 따라서도 다릅니다만, 희미해진 부분이 있다면 말로 보충하면 되겠지요. 이것이 앞에서 설명한 상승효과입니다.

Q | 동영상은 잊혀지기 쉽지 않습니까?

보통은 기억에 남는다고 합니다. 하지만, 반드시 이론대로는 아닙니다. 영상으로 잠깐 본 기억은 언어의 비교대상이 아닙니다.

Q | 차트 등을 제작할 때, 몇 가지 요소로 구성해야 합니까?'

'마법의 7'이라는 논문의 내용입니다만, 사람이 구별해서 인식할 수 있는 수를 검증한 실험이 있습니다. 두 개를 비교하는 것은 간단하고, 세 개도 대체로 괜찮습니다. 그런데 네 개째가 되면 구분이 어려워 집니다. 이것은 눈과 귀 모두에 해당된다고 합니다. 사람에 따라서 다소의 차이는 있지만, 보통은 세 개 정도로 압축하는 편이 좋습니다. '그 이유는 세 가지입니다'라는 항목식의 설명에서도 세 개 정도가 최선입니다.

Q | 프레젠테이션 테크닉에서, 즉효성이 있는 방법이 있습니까?

호흡법이겠지요. 자신의 호흡에 자신이 없으면 안됩니다. 우선은 호흡이고, 그리고 자세, 또 자신의 컨디션을 파악하는 것도 중요합니다.

Q | 호흡법을 훈련할 수 있는 간단한 방법이 있습니까?

아나운서의 경우가 하나의 대상이긴 합니다만, 최근에는 그렇지도 않지요. 호흡법 훈련은, 호흡이 전달되는 거리에서 해야만 하므로, 책으로 읽어서 간단히 할 수 있게 되는 것이 아닙니다. 하지만 크게 울리는 목소리로 말하는 것은 중요합니다. 큰 목소리는 훈련으로 가능하지만, 울리는 목소리는 어렵습니다.

예를 들면, 아나운서가 말한 것을 그대로 따라 해보는 훈련이 있습니다. 귀로 듣고 그대로 말하면 되겠지요. 같은 부분을 반복한다면, 비디오로 녹화해 두는 것도 좋습니다. 동시통역처럼, 미리 제작되지 않은 원고를 읽는 것을 듣고 그대로 말해보는 것, 이것도 좋은 훈련이 됩니다.

Q | 설득력을 향상시키기 위해서는?

말하기의 설득력을 향상시키는 훈련에 대해서는 그다지 들어본 적이 없습니다. 중요한 것은 '그 상품에 어느 정도 몰입해 있는가' 이겠지요. 스스로가 정말 좋은 상품이라 생각하고, 가지고 싶다고 생각한다면, 말하는 데도 설득력이 더해지겠지요.

말을 잘하는 법을 맺으며

프레젠테이션의 말하기에는 적정선이 있다. 소질이 있는 사람과 없는 사람이 반드시 있다고 인정할 수밖에 없다. 하지만 연습을 함으로써, 누구라도 잘 말할 수 있게 된다는 점도 틀림없는 사실이다.

중요한 것은, 우선 알아듣기 쉬워야 한다는 점이다. 또렷하게 큰목소리로 말하자. 우물거려서는 안 된다. 자신이 없다면 완전한 대본을 만들어서 책상 위에 두고, 그대로 읽어 내려가면 된다.

실수를 했을 때는?

실수를 하거나, 막히거나 하는 것은 어쩔 수 없는 일이다. 이런 경우에는 당황해서 수습하려 하지 말고, 우선은 '죄송합니다' 라고 한마디 사과의 말을 던지자. 그리고 사실을 솔직하게 말하는 것이 좋다. '현재 자료를 분실했습니다. 찾을 동안 잠시만 기다려 주십시오' 라고 확실히 설명하는 것이다.

질문에 대답하는 방법

프레젠테이션이 끝나고 질문이 집중된다. 성공의 순간이지만, 여기에서 긴장을 풀어서는 곤란하다. 의표를 찌르는 맹렬한 질문에도 주춤거리지 않는 대응 능력을 익혀두자.

가상 답안지를 제작

프레젠테이션에 임하기에 앞서, 반드시 가상 답안지를 제작하자. 어떤 질문이 나올지 예상하고 그 답을 준비하는 것이다.

이것은 스스로가 참석자의 입장이 되면, 비교적 간단히 제작할 수 있다. 모든 상품이나 서비스에 대응할 수 있는 포인트를 몇 가지 선택해 둔다. 어떤 프레젠테이션 발표 장소에서도 반드시 지적되는 점들을 선택하면 된다.

물론 발표 내용에 관련된 가상 답안지는 반드시 제작해 두기 바란다. 질문이 예상되는 어려운 포인트에 대해서는, 이해하기 쉬운 추가 설명이 준비되어 있어야 한다.

1. 가격에 대하여

싸다, 비싸다. 어째서 이런 가격이 된 것인가. 상담인 경우엔 가격협상에 대한 질문이 당연히 나올 것이다.

2. 경쟁사와 경쟁자에 대하여

타사와 어떻게 다른가, 기존의 상품이나 서비스와의 차이는 어떤 것인가. 유사 상품을 예로 드는 경우도 많다.

3. 시기에 대하여

발매개시일 등을 구체적으로 질문 해 온다.

4. 목표

1년간이나 분기 내의 매출 목표와 출하 목표 등을 질문해 온다. 시장규모를 질문하는 경우도 있으므로 주의하기 바란다.

5. 실적

회사 전체를 포함한 과거의 실적을 질문해 온다. 프레젠테이션 내용에 관계없이 회사 자체의 경영상태에 대해 질문 해 오는 경우도 있다.

6. 정보 출처

보다 자세한 정보의 위치를 질문 해 온다. 상담이라면, 카탈로그나 자료를 원하기도 한다.

7. 감상과 요망

원래는 질문에 배정된 시간임에도 불구하고, 감상이나 요망을 발언하는 경우도 많다. 고마운 일이므로 잘 들어두자.

8. 대답할 수 없는 질문은?

질문에 대답할 수 없는 경우도 자주 있을 것이다. 이유는 여러 가지를 생각할 수 있지만, 조사 부족이나 데이터 부족인 케이스가 많을 것이다. 또한 제작원가나 원재료 등 대답하기 곤란한 경우도 있다. 이런 때의 대처 방법도 생각해 두기 바란다.

우선 대답하기 곤란한 사항에 관해서는, 분명하게 그 자리에서 거절하자. '원가는 비공개입니다' '원재료에 관해서는 대답할 수 없습니다' 등으로 응수하면 된다.

지식이 부족해서 대답할 수 없다면, '죄송합니다, 숙제로 해 두겠습니다' 라고 대답할 수밖에 없다. 물론 나중에 확실히 처리해야 한다.

복수의 스태프가 프레젠테이션을 진행한다면, 자신 이외의 누군가가 대답할 수 있는지 확인하자. 상사가 동석해 있다면, 상사에게 부탁하는 방법도 있다.

후 기

최근엔 거의 모든 비즈니스 현장에서 '프레젠테이션'이라는 단어를 듣게 되었다. 이것은 마치 예전의 '기획서'와 같은 존재이다.

기획서도 처음엔 광고 대행사(에이전시)를 중심으로, 일부 관련업자들만 사용하던 서류였다. 그러던 것이, 상품이나 서비스의 내용을 전달하기 위한 서류로써 순식간에 보급되어, 지금은 업무의 정식 서류로써 거의 모든 부문에서 사용하고 있다. 기획서를 작성하는 힘이 비즈니스 기술과 직결되는 시대이다. 그래서 나는『히트상품의 기획서를 알고 싶다』(다이아몬드 출간)를 집필했다. 실제 사례에서 배우자고 생각한 것이다. 덕분에 큰 반향을 얻어, 나의 히트 작 1호가 되었다.

그리고 최근의 상황을 보면, 기획서를 대신해서 프레젠테이션이 전반적으로 보급되고 있다. 말하고 싶은 바를 전달하고, 상대를 설득하기 위한 도구로써, 기획서보다 프레젠테이션이 중요하게 되었다. 다음 번 주제는 프레젠테이션이라고, 근 몇 년간 생각해 왔다.

나 자신이 강연이나 세미나를 수없이 의뢰 받고, 컨설턴트를 하고 있는 기업이므로 프레젠테이션을 할 기회가 많다. TV에도 고정적으로 출연하고 있기 때문에, 말하는 데에도 익숙해져 있다. 그래서 프레젠테이션에는 능숙한 편이라고 자부하고 있었다.

그런데 한 신상품의 프레젠테이션 자료 작성을 의뢰 받았을 때에, 파워포인트의 서식 선택에 고민하게 되었다. 지금까지는 '웬지 보기가 좋다'라던가 '여름이니까 바다가 좋겠지' 등의 근거 없는 이유로 서식을 결정해 왔지만, 이것이 정말로 맞는 것인지 갑자기 불안해진 것이다.

그래서 참고자료를 찾기 위해 서점을 전전하다가, 의외의 사실을 알게 되었다. 프레젠테이션에 관한 서적 대부분이 파워포인트의 사용법만을 기술한 것이었다. 확실히, 파워포인트는 프레젠테이션의 보급과 더불어, 컬러 어플리케이션의 대명사가 되었다. 이를 익히는 것은 비즈니스맨의 의무라고도 할 수 있으므로, 참고서에 대한 수요도 많다. 하지만 파워포인트를 잘 사용한다고 해서, '성공적인 프레젠테이션'과 직결된다고는 단언할 수 없지 않은가? 파워포인트를 능숙하게 사용할 수 있게 되고 난

다음 단계에서 볼만한 책을 좀처럼 발견할 수 없었다.

이 책은 비용 효율을 무시하고 제작했기 때문에 구입하면 반드시 이득을 볼 것이다! 나는 학자도 연구자도 아니지만, 비즈니스와 컴퓨터에 관해 모르는 것을 조사하길 좋아한다. 프레젠테이션에 관해서도, 기존의 서적으로 의문점을 풀 수 없다면, 스스로 조사할 수밖에 없다. 그렇게 생각하고 있던 차에, 이 책의 담당 편집자로부터 기획 제안이 들어온 것이다.

지금까지 70권 이상의 단행본을 집필해 왔지만, 그 중 몇몇 서적은 비용을 무시하고 만든 서적이다. 개인적인 흥미나 탐구심에 끌려, 많은 스태프를 동원해서 1년 이상의 시간을 들여서 쓴 책이 몇 권이나 있다. 편집자는 그 중 한 권 『탑세일즈맨의 상담을 보고싶다』(다이아몬드 출판사)를 서점에서 발견하고, 그런 책을 집필해 달라는 의뢰를 해온 것이다. 덕분에 잘 팔려서 증쇄를 하고 있지만, 스태프 등의 비용을 고려한 수지는, 5만부가 팔려도 적자다.

쓰는 일을 생업으로 하고 있는 이상, 적자인 책만을 계속해서 내는 것은 불가능하다. 그래서 '지금 흥미를 가지고 있는 프레젠테이션에 관한 책이라면, 어차피 조사할 생각이었으니까, 비용을 무시하고 집필하겠습니다' 라고 편집자에게 대답했다. 당초 세일즈맨을 겨냥한 책을 집필해 달라는 의뢰를 받았음에도 불구하고, 기획의 내용을 대폭 변화시켜 버린 것이다.

이 책은, 의뢰를 받고 나서 취재와 조사만으로 1년 가까운 시일이 소요되었다. 나의 의문에 답해줄 수 있을 만한, 대학교수나 각 업계의 전문가를 선택한 리스트의 두께가 수 센티미터에 이른다. 격무에 버티지 못하고 퇴직한 스태프도 몇 명 있다. 하지만 절대로 약해지지 않았다. 컨셉대로 완성할 수만 있다면, 수많은 비즈니스맨에게 도움이 될 것이라 확신하고 있었기 때문이다.

드디어 탈고한 지금, 내용에는 절대적인 자신감을 가지고 있다. 프레젠테이션에 관해 필요한 정보를 철저하게 조사하고, 고증을 거쳐, 내가 가지고 있던 모든 의문을 해소할 수 있었다. 그러므로 구입하면 반드시 이득이 될 책이라고 나는 확신한다. 과장된 말일지도 모르지만, 이 책이 (일본)프레젠테이션의 기술연구, 개발의 일조한다면 한없이 기쁠 것이다.

부록

1. 프로젝터와 컴퓨터 연결하기
2. 찾아보기

프로젝터와 컴퓨터 연결하기

프로젝터 기기의 일반적인 모양을 이해하고 프레젠테이션 룸에 설치되어 있는 프로젝터와 내 컴퓨터를 연결하는 방법을 간단한 도해와 함께 설명하겠습니다.

프로젝터의 일반적인 모양

프로젝터의 종류은 무척이나 다양합니다. 다음 그림은 일반적인 프로젝터의 모형으로 프레젠테이션 룸에 설치되어 있는 프로젝터와 큰 차이가 없습니다. 어떻게 구성되어 있는지 살펴보세요.

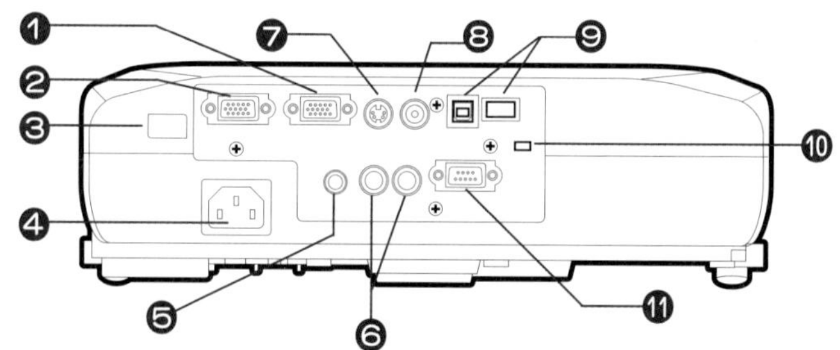

❶ 컴퓨터/컴포넌트 비디오 포트 : 아날로그 비디오 신호와 다른 비디오 장치의 컴포넌트 비디오 신호를 입력합니다.

❷ 모니터 출력 포트 : 컴퓨터에서 외부 모니터로 아날로그 비디오 신호를 출력합니다. 비디오 장치 신호의 경우는 해당되지 않습니다.

❸ 리모콘 광 수신부 : 리모콘의 신호를 받습니다.

❹ 전원 입구 : 전원 케이블을 연결합니다.

❺ 오디오 1 포트 : 컴퓨터나 컴포넌트의 비디오의 오디오 신호를 입력합니다. 연결시 스테레오 미니잭을 사용하세요.

❻ 오디오 2 포트 : 비디오 장치의 오디오 신호를 입력합니다. 연결시 A/V 케이블을 사용하십시오.

⑦ S- 비디오 포트 : 다른 비디오 장치의 S-비디오 신호를 입력합니다.

⑧ 비디오 포트 : 다른 비디오 장치의 컴포지트 비디오 신호를 프로젝터에 입력합니다. A/V 케이블로 연결합니다.

⑨ USB 포트 : USB 케이블로 프로젝터를 컴퓨터에 연결합니다.

⑩ 안전 잠금 장치

⑪ Control(RS-232C) 포트 : RS-232C 케이블로 프로젝터를 컴퓨터에 연결합니다. 작동 제어시에 이용하며 소비자는 사용하지 않습니다.

프로젝터와 컴퓨터 연결하기

컴퓨터의 화면이 프로젝터로 표시되게 하려면 입력 포트에 컴퓨터 케이블을 연결하도록 합니다. 단, 프로젝터에 따라 입력 신호를 '비디오' 메뉴에서 '컴퓨터' 나 다른 컴퓨터 호환 모드로 전환해야 할 수도 있습니다. 적당히 입력 소스에 다라 컴퓨터 포트를 선택하도록 합니다. 단, 프로젝터에 따라 지원하는 모니터의 종류가 있어 여러분이 가지고 있는 노트북이나 컴퓨터의 모니터를 지원하지 않을 수 있습니다. 이것도 미리 연결하여 확인해 보는 것이 좋습니다. 만약 사용하는 컴퓨터가 Macintosh(매킨토시) 컴퓨터라면 Mac 어댑터가 필요할 수도 있습니다.

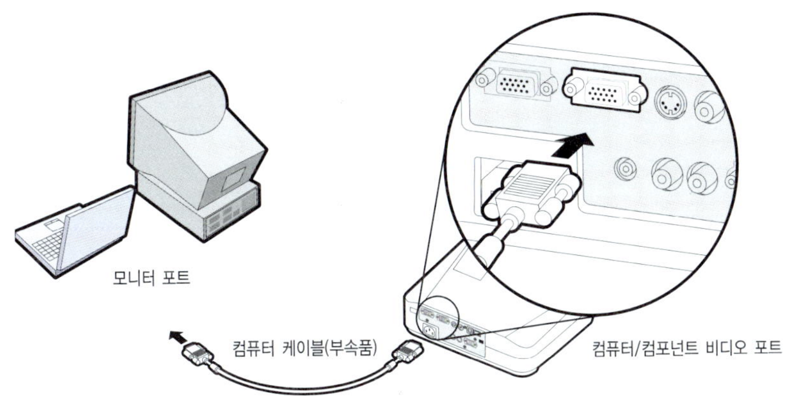

찾아보기

가

가독성 116
가독성과 피로 124
가상 답안지 230
결론 59
결론 명시 70
결론 보류 70
결론선행형 63
고딕체 131
과제제시형 60
구성 요소 90
구성 요소를 줄이는 요령 95
그래프 작성 요령 99
그래프의 종류 100
기본적인 배치 212
기승전결 65
기획서 51
기획서와 프레젠테이션의 차이 52
꺾은선형 그래프 103

나

내용구성 마법사 79, 84
노란색 147
녹색 147

다

단면 제시 72
담당 스태프 확인 32
대비 116
데이터 수정 31
데이터 완성 31
도넛형 100
동영상 187
디자인 서식 78, 88
디자인 서식 형식의 파일 88
디자인 서식의 추가 149

라

란돌트 고리 158
램프는 비쌉니까? 206
레이아웃 82
로터스 76
리허설 29

마

마법의 7 91
마이크 202
마이크로소프트 114
막대그래프 101
막대형 100
막대형 그래프 103
말하기 연습 29
말하는 법 220
명암과 색의 대비 116
명조체 131
무난한 디자인 서식 150
문자 156
문자량 167
문자색 130

바

발표 연습
발표 장소 196
발표 장소 확정 32
발표용 대본 182
밝기 206
방사형 100
배경 127, 139
배경 설명 59

배경색 130
보기 쉬운 그래프 101
보라색 148
분산형 100
비주얼 91, 97, 112
빔 프로젝터 116, 162
빔 프로젝터를 잘 고르는 법 202
빔 프로젝터와 종이의 차이 124

사

사람이 읽을 수 있는 문자 수 169
사카키 히로부미 67
색과 가독성 123
색을 점검하는 방법 125
색이 지닌 심리적 효과 132
색조견표(RGB) 126
설명문 157
세밀한 문자 124
세이코 엡손 163
소모품 206
소재 수집 요령 113
순차설명형 61
스크린 크기 163, 166
스토리 작성 30
슬라이드 52
슬라이드 노트 기능 182
시력검사표 128
싱크와이즈 45
씨네아츠 사 167

아

아웃라인 프로세서 41
아이디어 수집 30
아이디어 프로세서 40
아이디어 확정 30
아이디어를 정리하는 순서 40
압축의 테크닉 96
애니메이션 176
애니메이션 일괄지정 178
야구치 히로히사 107, 112
야스자키 노리오 224
양면 제시 72
엑셀 55, 110
영역 그래프 103
영역형 100
예행 연습 31
오렌지색 147
오치아 토시가즈 168
오피스XP Personal 77
오피스XP Standard 77
원형 100
인사말 59
인쇄용 33
인치 166
인터넷 38
읽어주길 바라는 문장 168

자

자료 214
자료 수집 36
자료 인쇄 33
자막슈퍼Superimpose 167
자청색 140
작성할 인쇄물 181
장비 물색 32
장비 배치 테스트 32
적색 146
정보검색 38
조감도 198
종이와 모니터 134
종이와 빔 프로젝터의 차이 122
주석 109
질문 230

차

차트 54
차트 제작법 121
차트를 잘 만드는 10가지 요령 104
청록색 147
청색 148
초두효과 71
초안 작성 30
최적의 구성 요소 90
추천 디자인 서식 150
친근효과 71

카

캡순이 194
클립아트 114
클립아트 사용법 114
키워드 68

타

타카사카 미키 133
토모히로 158

파

파워포인트 76
파워포인트의 문자 165
패널 표시 170
팽창색 108
평균시력 161
포스트잇 57
폰트 163
폰트 크기와 스크린 크기 161
표면형 100
푸르키네의 이론 136
프레젠테이션 34
프레젠테이션 목적확립 28
프레젠테이션 순서 27
프레젠테이션의 기본 패턴 59
프레젠테이션의 길의 47
프레젠테이션의 목적 35
플래시 191
플래시캡처 193
플래시헌터 193
플립 170
피라미드형 71
핑크색 146

하

하이넷레코더 193
해상도 204
핵심 내용 59
현실적인 프레젠테이션의 시간 49
화면용 33
효과적인 프레젠테이션의 길이 48
흰색의 효과 128

기타

11색 120
3차원 막대형 100
Acrobat PDF 217
Berlin and Key 120
HTML 217
MS Gothic 163
RGB 122
The Magical number seven 91
*.pot 88